授業 その可能性を求めて

授業は 子どもと教師で つくるもの

伊藤義道
加藤裕子
加藤利明 編

一莖書房

はじめに

　この本は、シリーズ『授業は子どもと教師でつくるもの』の１冊となります。第１作『子どもをひらく授業を求めて』（加藤利明著）、第２作『子どもが動き出す授業を求めて』（加藤裕子著）に続く、第３作です。今回は、３人の共著となりました。

　３人の共著ですが、それぞれの章は独立していて、おのおのの問題意識で書かれています。４０数年間、教師として授業研究を続けてきた者として、今の若い教師たちへのメッセージとしてまとめたものです。３人の教師の、実践に裏づけられた主張です。

　私たちは、授業が持つ力、授業の可能性を信じて、授業実践を続けてきました。授業によってこそ子どもの可能性は開かれ、同時に教師の可能性をも開かれる、と考えています。

　授業とは、子どもたちに効率的に知識を覚えさせることではありません。文化遺産である教材を媒介にして、子どもと教師と共同で追求をして、より高い世界へ到達するのが、授業です。授業という営みをとおして、子どもは新しい世界を知り、自分の可能性を切り開いていく力を身につけます。授業には、そういう力があるのです。そう考えて、私たちは授業実践を続けてきました。

　どの教科でも、教材解釈を重視してきました。教科書に載っている教材を指導書に書いてある解説を参考に授業する、それだけでは授業にはなりません。教師は、その教材にはどんな価値があるのか

を、自分の感覚でとらえなければなりません。そして、その教材が目の前の子どもたちに対してどんな栄養になるのかを考えることが必要です。そういう意味での教材解釈・子ども理解なしには、授業は成立しません。

　授業で子どもたちは、教材に出会います。教材は、子どもたちの栄養になる、新しい価値を含んでいます。その教材に子どもが対面し、発見や疑問を持ちます。それを、友達や教師と意見交換・議論をして、自分の感覚（意見）を吟味していく、その過程が、授業なのです。

　授業をとおして、追求することに夢中になる姿、友だちに驚き・友だちから学ぼうとする姿、友だちと追求する喜びを知った子どもたちの姿等々、この本にはたくさんの事実が書かれています。

　若い教師たちに、私は強く言いたい。教師が勉強をして、子どもの動き・心を見ようとしさえすれば、必ず授業の内容が深くなります。教材研究をして、それを基にして他の教師たちと話し合い・研究を続ければ、指導方法、指導技術は必ず生みだすことができます。そういう研究を続けていけば、きっと、目の前の子どもたちが、今までとは違う表情、思考、行動を見せてくれることでしょう。

　　　　　　　　　　　　　　　　　　　　　　　加藤利明

＜目次＞

I

出会いは奇跡

——高きものをめざして、
子どもと仲間とともに——

伊藤義道

「己で考え己が進まなければ己の道は開けない」

この言葉は、小学校の時の恩師の言葉である。私が大学受験に失敗した年の年賀状に書かれていた言葉である。自分のことを覚えていてくださり、大変うれしかった。今でもこの言葉は私の座右の銘の一つになっている。

私は、1年間予備校に通い、翌年、山梨の都留文科大学で1973年から4年間下宿生活をしながら大学に通った。そこで、2年生の時、恩師箱石泰和先生に出会うことができた。箱石先生との出会いがその後の私の人生に大きく影響している。大学4年生の時には、広島の大田小学校の公開研究会に参加した。広島駅で、名古屋の竹内曉雄先生夫妻に出会い、「卒業したら自宅で行っている研究会にぜひ来てください」と、お誘いを受けた。奇跡的な出会いであった。翌年、小学校の教師になり、竹内先生の自宅で開かれていた「名古屋教授学研究の会」に参加するようになった。そこで、私の実践記録に出ている大嶋幾男さん、大嶋奈津子さん、相地満さんらに出会ったのである。人生は、出会いであると言われるがまさしくそう思う。「名古屋教授学研究の会」は、2010年から「なごやの会」と改名をしている。

この本の中に掲載した国語、体育、算数の実践記録は、「なごやの会」で発行した「事実と発見と」にまとめたものである。ただし、分かりにくいところや不具合がある所は、訂正したり付け加えたりした。

教師になって何年か過ぎたころ、箱石先生から聞かれたことがある。「仕事で一番困っていることは何か」と。私は、「授業です」と、答えた。学級経営、親との対応、行事、校務分掌、職場の人間関係

などいろいろあるが、やはり一番困っていたのは授業だからだ。

　私は、主に国語を中心に授業の研究に取り組んできた。若いころは、俳句、詩、説明文など割と短い教材を扱ってきた。ところが、ことごとく私の授業は、「なごやの会」で否定され続けた。研究会で発表された授業を模写して、同じように授業をやりたいと思い、試したりした。しかし、まったく授業にならないのである。それもそのはず、子どもが違うし、ましてや私の力量がないから、できるわけがない。何のために授業をするのか。子どものために、子どもを育てるために授業をしなければいけないのに、自分の研究のためにやっていたのではないかと自問自答するようになった。

　授業を行うために一番大切なことは、何か。それは、授業の準備だと思う。言い換えれば、教材研究をしっかりと行うことである。その時に、子どもをよく見て、子どもの実態に合った授業案を立てることが大切だ。私は、長い間、授業案を作ることに苦労してきた。この授業で何をやりたいのか、子どもにどんな力をつけたいのかが明確にならないと、前に進めない。そこで、子どものノートをよく見て、子どもがどこでつまずいたり困っていることを見つけて、授業の中で生かせるように工夫した。

　自分の授業の質を高めるには、職場の同僚や研究会の仲間に相談し、授業を検証し、課題を一つずつ克服していくしかない。授業の質が高くなれば子どもは育つ。子どもを育てるために、質の高い授業をめざすのだ。一朝一夕に、質の高い授業ができるようにはならない。失敗を繰り返し、悩み苦しみ、いばらの道を進むようなものだ。それでも、子どもたちの笑顔を見たいから、努力していけるのだと思う。努力を続けていけば、必ずいつか芽が出て、花が咲き、

実を結ぶ時がくる。

　42数年の教員生活を振り返ると、私を成長させてくれたのは、数多くの子どもたちであった。子どもたちとの出会いが一番私を成長させてくれたと言っても過言ではない。子どもの反応を見れば自分のやっていることの善し悪しがよく分かる。今回、改めて自分の実践記録を読んでみて強く感じる。

　恩師や研究会の仲間、そして教え子たちとのよき出会いがあったから、仕事を続けることができたのだと思う。

　私の授業が少しでも読者の参考になれば幸いである。

2021年10月

4年 国語「ごんぎつね」の授業

1 「ごんぎつね」の授業ができるまで

　「始めることが半ば成功、続けることが成功である。」という先人の言葉に感銘を受け、私は研究会を続けてきた。しかし、正直に言えば、途中何度も挫折しかかった。それでもいろんな人の優れた実践に触れるたびに、いつか自分もいい授業ができるようになりたいという思いを持ち続けた。

　２０１２年度（平成２４年）２年生を担当し、体育で「ふんすい・えび」のマット運動に取り組んだ。夏や冬の実践交流の集いのとき、多摩の会の加藤利明さんや野村誠さんにそのビデオを見てもらった。そのとき、加藤さんが「とても清潔な子どもたちだ」と評価してくれた。技の善し悪しではなく、その技に取り組んでいる子どもたちの姿に感動してくれたのだ。それがきっかけとなり、「所沢の実技等研究会」（現在は、第二期実技等研究会）に通うようになった。

　２０１３年度（平成２５年）は、４年生を担当することになった。体育を中心に子どもをよく見て、子どもの実態を捉え、清潔な子どもたちを育てたいと願った。１学期間、「ふんすい・えび」を中心に体育を行ってきた。夏の会では、恩師の箱石泰和先生に「子どもに対する言葉かけが的確だ」という評価をいただけた。発表するまでは、私の言葉かけがかえって子どもの演技の邪魔をしているので

はないかと思っていた。だから、箱石先生のお言葉は、とてもうれしかった。さらに、一泊旅行の時に、この実践がなぜできたのかという問いを箱石先生が出された。私は、即答することはできなかった。箱石先生は、教材解釈ができたからだと言われた。私は、技術的には、「ふんすい・えび」のポイントが分かってきたからだと思った。退職の年にやっと一つ合格点がもらえた。

　国語では、「ごんぎつね」をやりたいと思い、夏休みに「なごやの会」の相地満さんに分からないことを聞いたり、同じく「なごやの会」の大嶋幾男さんにごんぎつねに関する本をいただいたりして、準備を始めた。2学期になってからでは、手遅れになるので、早く準備に取りかかった。9月のなごやの会で、教材に関して思ったことを話したときに、「ごんぎつねの話は哀しい話なのに、どうしていい話だと感じるのか」についてもっと考えてみるとよい、というコメントをいただいた。それがきっかけで、教材や南吉の他の作品を読んで、授業案を考えていった。

　私の弱点の一つは、なかなか授業案がたてられないということである。悩んでいる時に、なごやの会の竹内暁雄先生が声をかけて下さった。「急に変わるのはよくないからね」という言葉である。この言葉で、肩の荷が下りたような気持ちになった。それからは、自分の身の丈に合った授業しかできないんだから、自分にできそうな授業をやろうと開き直った。第5の場面の授業は、他の人の授業記録を探してもなかったので、かえって良かったのかもしれない。

　授業案を立てる前に、教材に書き込みをしたり、ごんぎつねノートに授業計画を書いたりして、教材研究を深めていった。また、子どもたちの疑問を学級だよりにのせて、それらの疑問を授業の中で

どうやって取り上げたらいいかを考えた。研究授業の当日は、早朝の３時に目が覚めてしまい、もう一度授業案を練り直した。教室に入ってからは、子どもの素直な反応を楽しみたいと思い、授業に臨んだ。すると、子どもたちからは予想外な発言が出て、ドキドキわくわくしながら、子どもたちに助けられて授業を行うことができた。研究授業という丁度心地よい緊張感の中で、子どもとうまくかみ合いながら進めることができたと思う。

　第５の場面の中で、私には、わからないところがあった。それは、「うん。」という兵十の言葉である。兵十は、加助の考えに納得して言ったのかどうかということである。ふつうに考えれば、そう簡単には、納得できるはずがない。だから、兵十の言葉は、生返事に近いだろう。子どもたちは、全員が生返事の方に挙手した。私は、子どもたちに圧倒された。子どもたちは、捉えていた。この子どもたちには、これで十分だと思った。今までの私なら、ここで違う方向へ子どもたちを向かわせてしまっていただろう。しかし、今回はぎりぎりまで授業案を練り、肝心なところで勝負するように心がていたので、横道にそれないで授業を進めることができたと思う。

　「ごんぎつね」の授業ができたのは、今まで「なごやの会」「多摩の会」「札幌の会」の皆さんから学び続けてきたからだと思う。また、体育で、子どもたち一人ひとりをよく見るようになり、子どものすごさ、素晴らしさ、素直さ、かわいさに出会うことができ、それが国語の授業にもつながっていったからだと思う。自分一人の力では、ここまでたどり着くことはできなかった。「なごやの会」をやめないで、続けてきたことが本当に良かったと思う。

　私の実践記録が現役で頑張ってみえる先生方に少しでも役立てば

幸いである。

2　教材について（東京書籍）

（1）　＜なぜ、哀しい物語なのに、いい話だと感じるのか。＞

　まず、この話は本当に起きた話のように思えるところである。実際に、南吉が村の茂平さんから聞いたお話をもとに、話がおもしろおかしく展開されて、これからどうなるのだろうと読み手を引きつける。

　ごんという名前がついているのは、なぜか。だれがいつ、つけたのか。ごんが権現(ごんげん)山(やま)に住んでいたことから、ごんという名前がつけられたというのは、あまりに説明的である。そうではなく、ごんの兵十に対するつぐないの行為と理不尽にも火縄銃で撃たれて死んでしまうことが大きく影響している。ごんは、ただの狐ではなく、後生の人々にも語り継がれるなかで、南吉が「ごんぎつね」として生き返らせたのである。

　ごんは兵十に火縄銃で撃たれて死んでしまう。できることなら、死なないでほしいと思うが、死ぬことによって、読み手にその哀しみがより伝わる。兵十は、土間に栗が固めておいてあるのが目にとまった瞬間、びっくりしてごんに目を落とす。また、いつものようにいたずらをしにきたと、兵十は決めつけていた。ごんは、「ごん、おまえだったのか、いつも、くりをくれたのは。」と、初めて兵十に真実を分かってもらえた。

　ごんにできるつぐないは、栗や松茸を山で拾って持って行ってやることだ。鰯を盗んで、投げ込んだことも、思いつきではあるが、ごんにとっては、つぐないの行為である。加助に「神様の仕業にち

がいない」と言われても、その明くる日には、また、栗を持って行く。そんなけなげなごんの行為が、報われることなく、哀しい結末を迎えることになる。生きていく中で、思わぬ結果を招いたり、思いが届かぬままに死を迎えることもある。

（2）＜ごんは、どんなきつねなのか。＞
　第1の場面で、ごんの特徴が分かる文を挙げておく。
「ごんは、ひとりぼっちの小ぎつねで、しだのいっぱいしげった森の中に、あなをほって住んでいました。」
「夜でも昼でも、辺りの村へ出てきて、いたずらばかりしました。」
「畑へ入っていもをほり散らしたり、菜種がらのほしてあるのへ火をつけたり、百姓家のうら手につるしてあるとんがらしをむしり取ったり、いろんなことをしました。」
「雨が降り続いていた二、三日の間、穴の中にしゃがんでいた。」
「ちょいといたずらがしたくなったのです。」
「ごんは、びくの中の魚をつかみ出しては、はりきりあみのかかっている所より下手の川の中を目がけて、ぽんぽん投げ込みました。」
「いちばんしまいに、太いうなぎをつかみにかかりましたが、なにしろぬるぬるとすべりぬけるので、手ではつかめません。ごんは、じれったくなって、頭をびくにつっこんで、うなぎの頭を口にくわえました。」
「ごんは、びっくりして飛び上がりました。うなぎをふりすててにげようとしましたが、うなぎは、ごんの首にまき付いたままはなれません。ごんは、そのまま横っ飛びに飛び出して、一生けんめいににげていきました。ほらあなの近くのはんの木の下でふり返ってみ

ましたが、兵十は追っかけてはきませんでした。」
「ごんはほっとして、うなぎの頭をかみくだき、やっと外して、あなの外の草の葉の上にのせておきました。」

（3）　＜ごんがいたずらばかりするのは、どうしてなのか。＞
　子どもたちの中には、ひとりぼっちで寂しいからと考える子がいるだろう。そうではなく、ただいたずらをすることがおもしろいからだ、と私は思う。ごんは好奇心旺盛で、ついいたずらをしてしまうのである。決して自分の寂しさを紛らわすためにやっているのではない。畑に作ってあるいも（じゃがいも、サツマイモなど）を次から次へ掘り出すことがおもしろい。食べるためなら、掘り散らさないで、食べる分だけほら穴へ持って行って食べるであろう。菜種がらがなぜ干してあるのかは、ごんには分からない。良く乾いた菜種がらは、火を付ければ勢いよく燃え上がり、風向きが悪いと他の物に燃え移り火事になる危険性がある。しかし、ごんには、そんな考えはない。菜種がらが勢いよく燃えるのがおもしろいだけだ。家の裏手につるしてあるとんがらしをむしり取るのも、食べるためではない。ただただ、おもしろいからやるのだろう。
　また、ごんが兵十のつかまえた魚を逃がしてしまう。ごんは、三日間も外に出られず、やっと動き回れるようになったので、ほっとしている時である。偶然、村の小川の堤で兵十を見つける。兵十がつかまえたうなぎや魚に興味を示す。兵十がいなくなったすきに、ちょっといたずらがしたくなってしまったのだ。決してうなぎや魚を食べるためではない。
　だから、第2の場面で、「ちょっ、あんないたずらをしなけりゃ

15

よかった。」なんて、後悔しているのである。後先考えず、思いつきでやってしまう。しかも、思い込みが激しい。兵十のおっかあがなくなった日、ごんは、穴の中で考える。兵十のおっかあが、うなぎが食べたいと言ったに違いない。それで、兵十が、はりきりあみを持ち出したんだ。せっかく取ったうなぎを食べさせることができなくなったのは、自分がうなぎを取ってきてしまったからだと。兵十のおっかあが、うなぎが食べたい、うなぎが食べたいと思いながら死んだんだろう。まったく、ごんの思い込みである。しかし、そう思うごんがかわいく思える。

第3の場面になると、「おれと同じ、ひとりぼっちの兵十か。」なんて、兵十に同情している。だから、思いつきでいわしを兵十の家の中に投げ込んでやる。ごんは、うなぎのつぐないに、まず、一つ、いいことをしたと思っている。

そして、次の日には、山で栗を拾って、兵十の家に持っていく。その時、兵十の独り言を聞いて、ごんは、これはしまったと思う。「かわいそうに兵十は、いわし屋にぶんなぐられて、あんなきずまでつけられたのか。」と、いわしを投げ込んだことを後悔している。

だから、次の日も、その次の日も、ごんは、栗を兵十の家に持って行ってやる。さらに、その次の日には、栗ばかりでなく、松茸も二、三本持って行ってやる。

第4、5の場面では、月のいい晩で、偶然兵十と加助に出会う。二人の話を聞きながら見つからないように着いて行く。しかも、兵十の影法師をふみながら着いて行くところがかわいい。よほど、兵十のことが好きなんだと感じる。しかし、二人の話を聞いていると、栗や松茸を兵十の家に持って行っているのは、神様のしわざだとい

うことになってしまう。ごんは、「へえ、こいつはつまらないな。おれがくりや松たけを持っていってやるのに、そのおれにはお礼を言わないで、神様にお礼を言うんじゃあ、おれは引き合わないなあ。」と思う。ごんは、そう思いながらも、また次の日には、兵十の家に栗を持って行く。

　こうして、とうとうこの話のクライマックスを迎えることになる。ごんは、いつものように、栗を持って、兵十の家へ出かけた。ところが兵十に見つかってしまうのである。兵十は、決してごんを殺そうとまでは思っていなかったのではないだろうか。理不尽にもごんに火縄銃のたまが当たってしまったのだ。兵十は、土間に栗が固めて置いてあるのを見つけて、ごんに目を落とす。
「ごん、おまえだったのか、いつも、くりをくれたのは。」
ごんは、決して兵十のことを恨んではいない。うなぎのつぐないに、毎日のように栗や松茸などを持ってきたことが兵十に分かってもらえてうれしい。

　青いけむりが、まだつつ口から細く出ていました。これには、説明がいらない。このお話を読んだ読み手がしみじみと感じることができればいいと思う。

3　第5場面の授業記録

【教師】では、今日は、5の場面をやりたいと思います。みんながちゃんと読んできてくれたので今日は楽しみです。（宿題で5場面を6回読んでくるように言っておいたら、ほとんどの子が読んだ回数を6回と書いていた。）先生も分からないことがあるので、みんなといっしょに考えていきたいと思います。協力してやりましょう。

じゃあ、５の場面を声を出して読んでごらん。どうぞ。

子どもたち、めいめいに声を出して読む。声は、とてもよく出ている。（特に、後ろの子どもたちの読み方がよく聞こえる。）

【教師】では、読めたかな。Ｍさや君からずうっと丸読みでいこうか。（彼は、一番声がよく通り、音読が上手である。意図的に彼から読んでもらった。）

子どもたち、後ろの列から丸読みで順番に読む。一人声が小さいのが気になる。（この子は、毎日のように遅刻してきており、音読の回数が他の子と比べて少ない。家庭の事情で、遅刻せざるを得ないのでかわいそうな子である。たどたどしい読みではあったが、最後まで読み切ったことがうれしい。）

【教師】みんなの読み方を聞いていると、まだ、加助や兵十の気持ちになって読んでいない。ただ、読んでいるだけなので、もっと自分の気持ちをこめて読めるようにしてほしいので、「　」の中を、誰がしゃべったのかを書いてみて。例えば、「うん。」があるでしょ。

〔子ども〕うん、あるよ。

【教師】　例えば、「うん。」は、誰？

〔子ども〕兵十。

【教師】兵十だったら、こうやって、書いてみて。

〔子ども〕ノートに？

【教師】教科書でいいよ。

（しばらく待つ。）

〔子ども〕全部書いていい？

【教師】いいよ。

〔子ども〕５の場面だけ？

【教師】　5の場面だけでいいよ。

しばらくして、

〔子ども〕ごんも、やる？

【教師】　ごんは、思ったことなので、書かなくていいよ。兵十と加助だけでいいよ。そこを役で読んでもらいたいの。

だいたい書けたようなので、黒板に教師がホワイトボードに書いた兵十と加助の言葉を貼り付ける。（わざと、順番をごちゃごちゃに並べる。）

【教師】　何か気がつかないですか。

〔子ども〕話している。

〔子ども〕全部カギ括弧。

【教師】　全部カギ括弧だけれど、並べ方で気がつかないですか。

〔子ども〕順番がばらばら。

【教師】　順番がばらばらだね。並べ替えてほしいんだけれど、だれかやれる人？

Kずや君が教科書を持って出てきたので、見ないでやるように指示した。そこで、しばらく考えて最初の一つを並べ替えた。「分かった」というつぶやきも聞こえる。その後、5人の子どもに並べ替えてもらう。全部、正しく並べ終えた後、カギ括弧の上に、兵十と加助の印を付ける。子どもたちは、黒板を見て、加兵、加兵、加兵と口々に言っている。

【教師】　では、加助をやりたい人。

最初は、遠慮していたが、Sうま君が元気よく挙手した。すると、次から次へと手が挙がる。

そこで、加助をSうま君、兵十をKうき君にやってもらう。

途中、「えっ。」の読み方を手入れした。今だったら、「じぇじぇじぇ」だよ、と冗談交じりに話をしながら、進めていった。そして、「うん。」の読み方も気になったので、後で、考えてもらうことを話す。その後、もう一組（YなさんとAいらさん）にやってもらう。まだ、子どもたちに「うん。」のイメージができていない。

【教師】では、みんなに聞きたいんだけれど、いいですか。この場面、月は、出ていますか、出ていませんか？

〔子ども〕出ていません。

〔子ども〕出ているんじゃない。

【教師】では、出ているかいないか、手を挙げてください。

　出ているが多数、出ていないが５、６人。

【教師】では、証拠を言ってもらおうか。

〔Ｒき〕４場面に、最初に月のいいばんでした、と出ていて、５場面は、その帰りだから、同じ夜だから月が出ている。

【教師】すばらしい。そうやって、答えてくれると、すごくうれしい。ちゃんと読みとっていることがわかる。考えなきゃいけないよ。（ここで、月が出ていないと思っている子の意見も聞いてやればよかったかもしれないが、この時は、思いつきで答えそうだったので、聞かなかった。しかし、５場面の中でも、月が出ていることが分かるところをさがさせることができればもっとよかった。少し、先へ急ぎすぎたかもしれない。最初の音読やカギ括弧の並べ替えで時間を取りすぎたと思う。）

【教師】では、ごんは、お念仏がすむまで、いどのそばにしゃがんでいました。では、なんで、ごんは、しゃがんでいたのですか。

〔子ども〕待っている。

【教師】だれを。

〔Kうき〕兵十と加助を。

【教師】そうだね。冴えているね。じゃあ、兵十と加助は、また
いっしょに帰って行きます。ごんは、二人の話を聞こうと思って、
兵十のかげぼうしをふみふみ。

〔子ども〕気づかれるから。

【教師】気づかれないように行くんだよね。影って分かる？

〔子ども〕分かる。

【教師】満月より少し過ぎたんだけれど、本当に影ができるかなあ
と思って、昨日、実験したんだよ。最近、街灯が多くて、影ができ
ないかなあと思ったけれど、ちゃんと影ができるんだね。影法師と
いうでしょ。ただの影じゃないね。影法師という言い方をする。

〔子ども〕影が帽子をかぶっている。

【教師】その帽子じゃないんだよ。影法師の法師は、お坊さんとか
という意味もあるけど、人という意味があるんだよ。あと、なんと
かぼうしというの、聞いたことない？

〔子ども〕麦わら帽子。

〔子ども〕つくつくぼうし。

【教師】人間に関係のある、こんな小さい人のこと。おとぎ話。

〔Kずや〕一寸法師。

【教師】正解。冴えているね。ただの影というより、影法師といっ
た方がいいでしょ。

〔Kずや〕今日は、冴えている。（自分のことを言っている）

【教師】だれの影法師？

〔子ども〕兵十。

21

【教師】兵十の影法師だね。影法師をどんなふうに言った？

〔子ども〕ふみふみ。

【教師】ああ、そう。（ふみふみ　板書）

　　　　ふみふみって、どんな感じ。

〔子ども〕踏んでいく。

【教師】どんな風に踏んでいく？

〔子ども〕一歩一歩慎重に。（一歩一歩　板書）

〔子ども〕足音がしないように。（板書）

【教師】いいこと言うな。なんで、兵十の影法師を踏んだのだろう。なんで加助の方を踏まないのだろう。

〔子ども〕二人の話を聞こうと思って。

〔子ども〕どっちでもいいが。

【教師】どうして、兵十の方なの？

〔子ども〕兵十の方がでかかったから。

〔子ども〕兵十の方が年上だから。

〔子ども〕兵十の方が、後ろにいたから。

【教師】気持ちから言って欲しいんだけれど。

（ここでは、かなりあせっていた。なんとか、ごんが兵十の影法師を踏みたい気持ちを言って欲しかったので、気持ちから考えて欲しいと思ったが。）

〔子ども〕兵十の方が近かったから。

【教師】もうちょっと、では、文章を読んでみようかな。

（困った時には、文章を読むことが大切だ。子どもたち考えている。すると、ようやく私の求めていた考えが出始めた。）

〔子ども〕兵十の方が話が詳しく聞けるから。

22

〔子ども〕兵十に悪いことしたなという気持ちがあるから。

【教師】いいこと思い出したな。兵十に悪いことしたなという気持ちがあるもんね。加助とは、あまり関係ないもんね。ごんと兵十とは、ずうっと関係があるからね。　　　悪いことしたな。（板書）

〔子ども〕そうか。

【教師】兵十とどうなりたいと思っているの。

〔子ども〕仲よしになりたい。やさしくなりたい。（板書）

【教師】そういう気持ちでごんは、影をふみふみ行きました。さあ、それで、「さっきの話は、きっと、そりゃあ、神様のしわざだぞ。」、さっきの話とは？

〔Kずや〕来る時の話。

〔Tひろ〕吉兵衛の家に来る時の話。

【教師】そうだね。もう少し、だれか詳しく言ってくれる。

〔かのん〕おっかあが死んでから、だれだか知らんが、おれに栗や松茸をくれる人の話。

【教師】そういう話だね。それが、きっと栗や松茸をくれた人は。

〔子ども〕神様。

【教師】神様のしわざだと。

〔子ども〕そんなわけないじゃん。

【教師】そんなわけないよね。加助は、そう言うんだね。しわざとは、何？

〔子ども〕やったこと。

【教師】やったことだね。いたずらじゃない？

〔子ども〕いたずらじゃない。

【教師】神様がやったことだね。そしたら、兵十は、なんて言った

の。

〔子ども〕「えっ。」

【教師】「えっ。」なんで、びっくりしたの？

〔子ども〕神様がいるというということを知らなかったからかな。

〔子ども〕予想と違ったから。

【教師】予想と違っていたから。では、ごんは、どう思っていたと思う？

〔子ども〕ごんは？　兵十でしょ。

【教師】ごめん、ごんじゃなくて、兵十は、どう思っていたと思う？

〔子ども〕ごんだとは、思っていない。

【教師】まさか、神様だとは、思っていなかった。Ｃあきさんが、分からないことを書いた時に、「人間じゃない、神様だと加助がなんで考えたのかなあ。」と書いていたけど、覚えている？

（Ｃあき、ノートを見ているが、分からない様子。ここで、ざわつくかと思ったが、他の子たちも静かに待っていてくれた。）

【教師】忘れてしまったかな？　じゃあ、いいよ。さあ、それで、神様がおまえがたった一人になったのをあわれに思わっしゃって、いろんな物をめぐんでくださるんだよ。あわれに思わっしゃって、

〔子ども〕あわれ、かわいそう。(板書)

【教師】いろんな物をめぐんでくださるんだよ。いろんな物とは？

〔子ども〕栗や松茸。

【教師】そうだね。めぐんでくださるというのは？

〔子ども〕くれる。

【教師】くれるのだけれど、めぐむというのは、目上の人とか神様

がくれる時に使うんだね。そうしたら、兵十がなんて言うの？

〔子ども〕「そうかなあ。」

【教師】疑っている。そしたら、加助が、みんなで、さんはい。（少しだれてきたので）

〔子どもたち〕「そうだとも。だから、毎日、神様にお礼を言うがいいよ。」（声をそろえて一斉読み）

【教師】お礼というのは？

〔子ども〕ありがとうございました。

【教師】どうして、お礼を言うの？

〔子ども〕栗や松茸をくれたから。

【教師】そうしたら、兵十は、「うん。」と言ったでしょ。さっきも言ったけれど、みんなは、どっちに思いますか。「うん、そうだ。」と言ったのか、「うん、まだちょっと・・」のどっちだと思う？

（子どもたち、少し考えている。）

【教師】では、（兵十は）悩んでいると思う人。（ほぼ全員）

では、「うん、そうしよう。」と思った人。一人もいない？（ここでは、少しは、手が挙がると思ったが一人もいないのにびっくりした。子どもたちは、捉えている。理屈で考えさせようとしていた自分が情けない。しかし、深入りしなくてよかった。）

【教師】その後、ごんは、「へえ、こいつは、つまらないな。」と思っているけれど、こいつは、つまらないな、というのは、どういうことかな？

〔Cあき〕本当は、ごんなのに、加助が神様のしわざだと言ったから、つまらないなと思った。（先ほどは、答えられなかったがここで活躍できてよかった。）

【教師】本当は、おれ（ごん）なのに神様のしわざだと言われたからつまらない。つまらないというのは？

〔子ども〕退屈。

〔子ども〕おもしろくない。

〔子ども〕楽しくない。

【教師】このゲームつまらないなあとか、この本つまらないなあ、ということ？

〔子ども〕なんか、意味が違う。

〔子ども〕違うよ。

【教師】ちょっと違うな、と考えてほしんだけれど。普通のつまらないなとは、違うな。では、その後、読んでみようか。

〔Kずや〕おれは引き合わない。

【教師】Kずや君、今いいこと言ったね。そこ、読んでみて。

〔Kずや〕「おれがくりや松たけを持っていってやるのに、そのおれにはお礼を言わないで、神様にお礼を言うんじゃあ、おれは引き合わないなあ。」

【教師】引き合わないなあ。（板書）どういう意味だろう。

〔子ども〕もうやらない。（もう、栗や松茸を持って行ってやらない、と考えていたようだ。ここで、このことを扱うと話が横道にそれてしまう。）

子どもたち考えている。

〔子ども〕何か合わない、相性が合わない。

〔子ども〕タイプが合わない。

〔子ども〕気が合わない。

〔子ども〕考えが合わない。

【教師】どうして、そう思ったか言える。

〔Tひろ〕ごんは、自分にお礼を言ってくれると思っていたけれど、神様にお礼を言えと言い出したから、考えが違う。

　　　　　考えが合わない。（板書）

【教師】Mさや君なんて言ったの。

〔Mさや〕気が合わない。（板書）

【教師】どうして気が合わないと思ったか言える。間違ったっていいんだから。

（しばらく待ったが言えない。）

【教師】Mろ君は？

〔Mろ〕何かが合わない。

【教師】いいねえ、それ。何かが合わない。（板書）

　ちょっと、もどってほしいんだけれど、さっき「ふみふみ」の時ごんは、どんな気持ちだったと思う。

〔子ども〕聞きたい気持ち。

〔子ども〕わくわくした気持ち。

（ここでテープが終わってしまう。）

　この後、ごんが、兵十の影法師をふみふみして、ついて行っている時のわくわくした気持ちを考えた時、時計の数字にするとどれくらいになるかを問うた。だいたい、8ぐらいだということになった。そして、引き合わないなあと思った時は、どれくらいかを比べた。この時は、ほとんど0か1という意見が多かった。

　その後、「引き合わない」を辞書で調べさせ、ノートに書かせた。子どもたちは、自分の辞書を持っているので、「引き合わない」の用例を5、6名に発表してもらった。（事前に、子どもたちの辞書

を調べてみたら、辞書によって様々な例文が載っていたので、これは使えるなと思った。学校の辞書だけでは、この方法が使えない。）

それから、私が次の話を入れた。

「この前、ラジオを聞いていたら、こんな話を聞きました。山の方の郵便屋さんが、郵便物を届けるのに、片道2時間もかかる家にも持って行くことがあるんだそうです。だから往復4時間もかかることになるんだそうです。それでも郵便屋さんは、届けるそうです。」

それを聞いていたRき君が、「それで、文句を言われたら、それこそ引き合わないなあ。」とつぶやいた。

　次に、ごんが引き合わないと思っている時の気持ちを言わせ、ノートにごんの気持ちの変化を書かせた。そろそろ時間になったので、最後に、Mみさんに第5場面を朗読してもらって授業を終えた。普段控えめなMみさんは、いつもに比べると、自信をもって読むことができていた。他にも朗読したいと、たくさんの子の手が挙がったが時間がきてしまい、Tいせい君はとてもくやしそうにしていた。（参観していた先生が、最後に読みたいという子が多くて、特にTいせい君は残念そうにしていたと話してくれた。）

　授業後、最後に読んだMみさんの音読を聞こうと思ったら、その声がテープに入っていない。テープを調べてみたら、往復45分テープだった。なんということか。

4　「引き合わない」第5場面の後半（子どものノートより）

（Rき）

親切にしてきらわれたのでは、引き合わない。

ついていく時は、自分だと思われてほめられると思ってついて行っ

たのに、神様のしわざだと思われた時は、引き合わなかった。むか
つく。

（Mさや）

よいと思ってやったのに、しかられるなんて引き合わない。

最初わくわく、最後つまらない。

（Yな）

人のためと思ってやったことなのに、悪く言われては引き合わない。

最初は、わくわくして歩いていたけれど、最後は、神様とまちがわ
れてわくわくがなくなった。

（Hんな）

がんばったのに、努力が足りないと言われては引き合わない。

最初は、どんな話か聞こうとしていたけれど、最後に話を聞き終
わって、引き合わないなあと言っている気持ちで、悲しい気持ち。

（Hるあ）

これで悪口を言われては引き合わない。

最初は、兵十にきつねが「くりや松茸をくれた」と言ってくれると
思っていたのに、神様がくれたと、加助と兵十が言うから引き合わ
ない。

（Kずや）

努力が足りないと言われては引き合わない。

最初は、自分のことだと思ってわくわくしてたのに、まちがえられ
たから引き合わない。

（Kのん）

ていねいに教えたのに、文句を言われては、とても引き合わない。

お念仏がすんで、兵十と加助がでてきて、話を聞こうと思ったとき

は、とても楽しみだったけれど、加助が神様のしわざだと言って、だんだん引き合わなくなっていった。こんなことを言われていやな気持ち。
（Tばさ）
友達のためを思ってやったことなのに、悪く言われては引き合わない。
ごんは、兵十のかげぼうしをふみふみ行って、引き合わない。
（Aいら）
ごんは、兵十のかげぼうしをわくわくしながら歩いていたけど、後のほうに引き合わないと思いながらついて行った。
（Rいか）
これで悪口をいわれては、引き合わない。
最初は、わくわくでついていったのに、神様がやったと言われたから、おれは引き合わない。
（Kるみ）
最初は、自分のことを兵十たちに言ってもらえると思って、わくわくしていたけれど、自分のことじゃなく、神様と言われたので、兵十たちとは、引き合わないと思った。
（Cあき）
最初は、わくわくして話を聞いていたけど、神様のしわざだと言われて、引き合わないと思った。
（Rうと）
よいと思ってやったのに、しかられるなんて引き合わない。
ごんの気持ちは、最初はわくわくしていたけれど、だんだんがっかりしてきた。

（Tいせい）

よいと思ってやったのにしかられるなんて引き合わない。

ふみふみのときは、わくわくしていたのに、引き合わないと思った
ときは、いやな気持ちだった。

（Sうま）

最初は、わくわく気分だったのに、あとから引き合わない気分に
なって、ごんはかわいそうだと思った。

（Oすけ）

最初は、兵十の家にいたずらのおわびにくりや松茸をもっていたけ
ど、最後は、イライラして引き合わない。

（Hみや）

よいと思ってやったのにしかられるなんて引き合わない。

最初は、わくわくしている気持ちが多いけど、神様の仕業と言われ
てからわくわくがなくなった。

（Kうき）

親切にしてきらわれたのでは、引き合わない。

来るときは、自分だと思っていたけど、帰るときに神様のしわざだ
と聞いて引き合わない。

5　自己評価

※「この話は、哀しい話なのに、なぜいい話だと感じるのかを常に
　考えながら、解釈を深めていくようにするとよい。」という竹内
　先生のコメントが、ずっと頭の中にあり、そのことが授業を進め
　ていく原動力になった。数回、「教材について」を書き直したが、
　なかなか満足のいくものを書くことができなかった。しかし、ご

31

んぎつねのどこからいい話だと感じるかを常に頭の片隅におきながら、教材を読み込んでいったことがよかった。

※子どものつぶやきがよく聞き取れた。子どもの反応に対して、自然に受け答えができた。今までだと、子どもの意見に引きずられたり、自分の考えを押しつけたりして、子どもとかみ合わない授業になることが多かった。それは、次のようなことが考えられる。

※特に考えさせたいことを二つに絞ったこと。（ふみふみ、引き合わない）この二つを授業の核にして、そのほかのことは、あまりこだわらないように進めた。

※①音読　②話し合い　③辞書で調べる（引き合わない）④感想を書くという１時間の流れを計画することができたこと。話し合いの時間をできるだけ絞り、辞書を調べたりノートに感想を書く時間を設けたりして、どの子もどこかで参加できる機会を作った。

※自分の身の丈に合った授業しかできないと思って、授業案を考えたこと。過去の授業実践を参考にしたが、自分にできそうな授業をやればよいと思った。子どもの実態と今の自分の力に見合うことしかできないので、意図的に発問を考えることができた。

※夏休みから、教材研究を始め、研究会の人や学校の人に、いろいろと聞いたりして、教材が好きになっていったこと。「ごん」が人間だったら何歳ぐらいかと聞くと、様々な答えが返ってくる。子どもたちも同じであった。影踏みをしているところは、幼い感じがするが、「引き合わない」なんて難しい言葉を使うところでは、大人に近い思春期の年頃にも思える。いずれにしろ、読み手によって感じ方が違うからおもしろいのだと思う。

※子どもと一緒に授業をやることにより、教材の読みが深まって

いったこと。最初、どうして「ごん」という名前がついたのかということで、そのことでこだわる子がいた。いろんな説があり、感じ方があってよいと思うので、どれが正しいということはないが、そういうことにこだわれることがすごいと思った。また、ごんは、「子ぎつね」ではなく、「小ぎつね」であることから、子どもたちの読み方も変わっていった。ごんは、「引き合わない」と思ったのに、明くる日も、また、兵十の家にくりを持って行ったのはどうしてか、と聞いてみた。すると、子どもたちは、「兵十の赤いさつまいもみたいな顔をまた見たいとか、まだ償いが終わっていないから」と答えた。その時、赤いさつまいもみたいな顔をまた見たいという感じ方には、自分にはなかったので、今でも忘れることはできない。自分の考えより、子どもの考えの方がすごいことがある。子どもに教えてもらうんだという気持ちで臨んだことがよかったと思う。

6　「なごやの会」のコメント

・善戦したと思う。今までとは、まったく違う。化けたのではないか。
・授業記録の書き方で、もう少し子どもの状態が分かるように書けるとよい。
・子どもたちの疑問をもっと大切に扱うことができたらよかった。
・家で自主勉強でやらせるのは、やらない子もいるので、学校の授業でどうやって扱うかを考えてほしい。
・研究授業だから仕方がないかもしれないが、兵十と加助の会話文の並べ替えは、時間の無駄ではなかったか。

・「この場面、月は、出ていますか、出ていませんか。」の発問は、とてもよかったのではないか。

・第5場面の中で、月が出ていることが分かる文を見つけさせることができればもっとよかったのではないか。

7 箱石先生のコメント

（1）子どもがノートに書いたことを授業で取り上げることができるようになったことがよい。子どもの疑問や考えを常に頭の中に入れておいて、授業で生かすことができるようにすることが大切だ。（※以下のところが授業で子どもがノートに書いていたことを取り上げた部分である。）

【教師】まさか、神様だとは、思っていなかった。Cあきさんが、分からないことを（ノートに）書いた時に、「人間じゃない、神様だと加助がなんで考えたのかなあ。」と書いていたけど、覚えている？

（※実際、ここでCあきの疑問を生かすことはできなかったが、子どもたちが疑問に思っていることや考えていることを授業の中で生かすことができたらいいなあと、いつも考えている。だから、箱石先生に具体的に指摘していただいたことがとてもうれしい。この方向で、授業を考えていきたいと思う。）

（2）「ごんぎつねノート」がとてもよい。今までにこういうのは、研究会で出てきてないのではないか。

（※私は、教材文をコピーし、それに書き込みをしながら教材研究をしていった。それと同時に、授業案を考える時に、ノートに大切な文や言葉を書き込んでいった。今までにもこういう方法をとって

いたが、今回は特に念入りにやった。このノートを出そうかどうか
迷ったが、どんなふうに教材を読んでいったかを分かってもらうに
は、出した方がいいと思った。）次のページに載せたのが私の作っ
たごんぎつねノートの一部である。

8　私の作ったごんぎつねノート（第５場面）

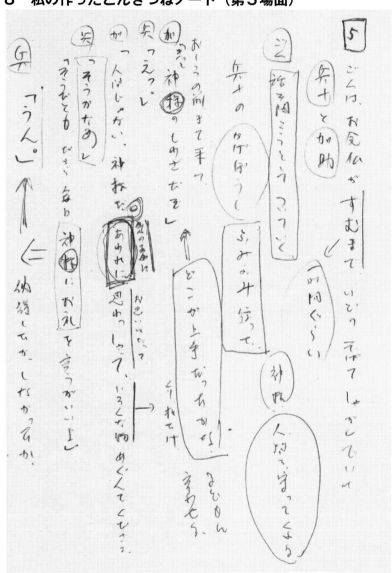

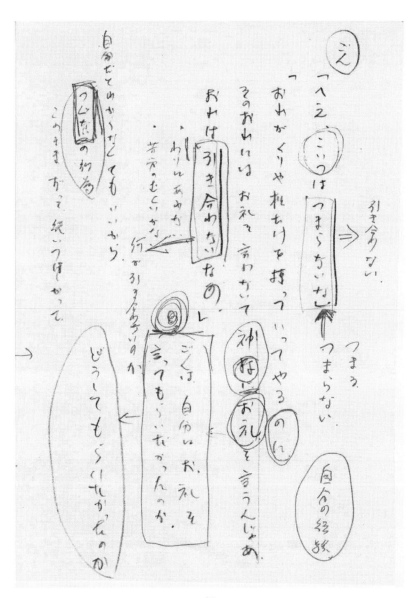

ごん

「へえ、こいつは つまらないな」

「おれがくりや松たけを持っていってやるのに

そのおれには お礼を言わずに

おれは 引き合わないなあ」

引き合わない

つまる　つまらない

つまらない

神様・お礼を 言うんじゃあ

ごんは 自分のお礼を
言っても ういむかったのか

どうしても もらいたかったのか

自分の経験

自分で山かくしなど　ても　いいから

これきり だって 続いてほかって

9 授業案

第5場面の目標

兵十と加助の会話を聞いて、「ごん」の気持ちがどう変化したかを考える。

展開の核・発問	予想される子どもの反応	結晶点	予想される難関
○音読をする。 ・めいめい読み ・丸読み ・役割読み	・役割読みは、初めは遠慮するが徐々に読みたい子が増えてくるだろう。	・子どもの診断 ・加助と兵十の会話に気を付けて読むことができる。	・「えっ」と「うん」の読み方に気をつけさせる。
○第5場面では、月が出ているか。 ・理由を発表する。	・月が出ているかどうか迷うだろう。 ・第4場面で、月のいいばんでした、と書いてある。 ・影法師ができるから、月は出ている。	・月が出ている証拠を見つける。 ・「影ぼうしをふみふみ行きました」から、月が出ている。	・第5場面の中で見つけられるか。 ・法師は、人のことで、擬人化した言い方であることを説明する。
○影法師をふみふみ行きました。 ・「ふみふみ」は、どんな感じがするか。	・ぴょんぴょん。 ・しずかに。 ・面白そう。 ・楽しそう。 ・やさしい。 ・わくわくする。	・自分なりに、イメージを持つ。 ・わくわくした気持ちを想像できる。	・自由に想像してよい。
・なぜ、ごんは兵十の影法師を踏んで行ったのか。	・兵十が好きだから。 ・兵十の話を聞きたいから。	・兵十の言うことがとても気になっている。	・理屈っぽくならないようにする。
○さっきの話とは、どういう話か。	・兵十と加助の話。 ・吉兵衛の家に来るまでの話。	・兵十が加助に話していた内容がわかる。	・具体的にどんな話かを確認する。
○「神様のしわざ」と言われた時、兵十は、なぜびっくりしたのか。	・神様だとは思っていなかったから。 ・予想と違っていた。	・兵十は、神様が栗などをくれたなんて考えてもいなかった。	・子どもが分からないとノートに書いていたことを知らせる。

○兵十が「うん」と言った時、兵十は納得しているのか。	・まだ、迷っている。 ・納得した。	・兵十が生返事で答えたことが分かる。	・「そうかなあ。」の言葉と関連させる。
○「へえ、こいつはつまらないなあ。」というのは、どういうことか。	・自分の名前が出てこないからつまらないと思っている。 ・楽しくない。 ・退屈だ。 ・くやしい。 ・おもしろくない。	・ごんは、自分が栗や松茸を持ってきたのに、神様が持ってきたと思われたから、つまらないと思っている。	・つまらないの具体例を出して、この時のつまらないの意味を明確にする。
○「引き合わないなあ」は、どういう意味なんだろう。	・割に合わない。 ・何か合わない。 ・考えが合わない。 ・くやしい。	・自分にお礼を言ってもらえないことが「引き合わない」という表現になっている。	・「つまらない」に比べて、「引き合わない」は、大人っぽい表現になっている。
○「ふみふみ」の時と、「引き合わないなあ」と思った時のごんの気持ちを比べる。 ・ごんの気持ちを時計の針がさす数字で表すといくつになるか。	・「ふみふみ」の時は、話が聞きたくてわくわくした気持ち。 ・「引き合わないなあ」と思った時は、わくわくした気持ちがかなり減ってしまった。10から1ぐらいまで。	・教師が時計の絵と数字を描く。 ・影を踏みながらついて行った時は、数字が大きくなり、「引き合わないなあ」と思った時は、数字が小さくなる。 ・ごんの気持ちが大きく変化したことが分かる。	・ごんの気持ちがどう変化したかを時計の数字で表すことにより、視覚に訴えることができる。
○「引き合わない」の用例を辞書で調べる。 ・調べた用例を発表する。（数名） ○朗読する。（指名読み1名）	・「苦労して持って行ってやるのに、お礼を言ってもらえないんじゃ、引き合わないなあ」 ・多くの子どもたちが読みたがる。	・「引き合わない」の使い方をより明確にする。 ・朗読を味わって聞くことができる。	・教師の逸話を話す。 ・普段、あまり目立たない子を指名する。

4年 体育「マット運動」の取り組み
「ふんすい・えび」「前回り」「開脚前回り」「ゆりかご」

1 体育の取り組みにあたり

　退職する年（２０１３年度）に男子１４名、女子１２名の４年生のクラスを受け持つことになった。私は、子どもたちと繋がりを深め、お互いに学び合えるクラスにしたいという願いを実現するために、特に体育の授業を大切にしたいと考えた。体育では、子どもの実態がよく分かる。その時のクラスの課題も見つけやすい。子どもの様子をビデオに撮り、何度も見直すことにより、問題点を見つけることができる。研究会では、実際の子どものありのままの様子を見てもらうことができ、自分では気づかないことも教えてもらうことができる。以上のような考えで、体育の授業を中心に子どもたちを育てていきたいと考えた。

2 一学期の体育館での取り組み

　４月・５月の体育館の体育では、準備運動（Ｖ字バランスなど）、縄跳び、マット運動（ゆりかご・前回り）、手つなぎ鬼などを行った。１時間の中で、マット運動に使った時間は、２０分ぐらいであった。５月２８日までに、数回「ふんすい・えび」に取り組んだ。その中で、「ふんすい・えび」の技のイメージをつかませるために、昨年度の２年生のビデオを見せた。

3　マット運動「ふんすい・えび」の取り組み

　「なごやの会」で「ふんすい・えび」のビデオを見ていただき、どこに問題があるのかを明確にした。

①5／28（火）　一回目ビデオ「ふんすい・えび」を撮る。

＜自分で考えた問題点＞（以下、※は伊藤の考え）

※準備のできていない子は、すぐに演技に入ってしまう。

※ふんすいの時に、腰の横で支えている子、背中のところに手をもっていけない子、まったく腰が上がらない子など、個人差がある。

※腹筋が弱いために、膝を曲げてふんすいをする子がいるが、今の段階では仕方がない。

※足先がまっすぐに天井を向いていない子。

※身体がくの字になっている子。

※えびにもっていく時に、やさしくマットに着けない子。

※えびから大きく上に伸びて戻れない子。（もう一度ふんすいのようになるイメージがない）

※最後にうまく立ち上がれない子。（手を着いて立つ。足をおしりに引きつけることができない。足をたたむタイミングが悪い。足首が硬い。）

＜なごやの会のコメント＞（6月1日）

・マットの前でやっている子が多いので、マットの中央で演技させたい。

・えびにいった時に、膝を曲げて足先をマットに着いている子には、無理にマットに着かなくてもいいのではないか。

・まだ、ふんすいができていない。（肩に腰がしっかりのれるよう

にさせたい)

・だいたいできているので、次の技にいってもいいのではないか。

・自分でよくビデオを見て、工夫してやってほしい。

②6／3（月）

※ゆりかごの練習をする。肩に腰がのるイメージをつかませる。

※最初にえびをやり、そこからふんすいにもっていき、再びえびに
　もどってから、大きな円を描くようにして、戻る練習をする。

※立ち上がる時に、足をおしりに引きつけるタイミングを練習する。

③6／4（火）

※少し良くなってきた子が出てきた。

※足のつま先に神経を集中させるようにする。

④6／10（月）

※自分の課題をもって取り組ませた。全体への課題は不明確であっ
　た。

⑤6／11（火）1回目の発表会

※今までの練習の成果を発表する。この時のビデオを箱石先生に見
　ていただく。

＜箱石先生のコメント＞（6月23日）

　「箱石先生をお迎えしての会」（なごやの会）

・一人ひとりの良いところを指摘して、その子の良さを全員に広め
るとよい。

・手の付き方など、とても丁寧である。

・ふんすいでまっすぐ立てるように、「へそを出す」という言葉か
けなどをするとよい。

・できている子をお手本にして、他の子に学ばせるようにする。

⑥7／9（火）

※前回りで、立つタイミングをつかませる。

※ふんすいの時に、手の支えをしっかりできるように補助をする。

⑦7／16（火）二回目の発表会

※ビデオを撮る時に、箱石先生に指摘されたように、子どもが演技
　している時に、言葉かけを行った。

※えびの時に、できるだけ遠くへつま先をもっていくようにする。

※今の自分にできる最高の演技をする。

＜箱石先生のコメント＞（8月5日）

「夏の合同宿泊研究会」（多摩の会、札幌の会、なごやの会）

・子どもに対する言葉かけが適切にできるようになってきたのが良
い。

※私は、発表会の時は、言葉かけはしない方が良いと思っていた。
　しかし、この二回目の発表会の時は、自然に子どもに言葉かけを
　していた。

4　一学期の終わりに考えたこと

　H君が「みんなにおいて行かれないように家で取り組んだ」と話
してくれた。6月半ばから水泳の授業が始まり、3週間ぐらい「ふ
んすい・えび」はやっていない。その間に、彼は家で「ふんすい・
えび」を練習していたのだ。7月9日の練習を見た時、ほとんど自
分で「ふんすい」ができるようになっていた。それを見ていたクラ
スメートから驚きの歓声があがった。そして、7月16日の最後の
発表会では、見事に演技を行った。今までの彼とは、明らかに違っ
ていた。普段から、係の仕事や掃除など責任をもって取り組み、漢

字の１０問テストも満点をとるように努力している。その姿に感心していたが、まさか、「ふんすい・えび」を家でこつこつと練習していたとは、気がつかなかった。普段の生活の態度が、学習にも影響していることがよく分かった。改めて、目標をもって取り組むことの大切さを彼に教えられた思いである。

5　二学期の体育の取り組みにあたり

　１学期には、「ふんすい・えび」に取り組み、子ども一人ひとりの演技をよく見ることの大切さを学ぶことができた。子どもの演技を見て、「言葉かけ」ができるようになったという評価を、夏の会で箱石先生からいただくことができた。体育に限らないが何でも誠実に取り組むことの大切さを体育を通してより確かに感じるようになった。

6　二学期の体育館での取り組み「前回り・開脚前回り・ゆりかご」

　１１月、１２月の体育館の体育では、準備運動（Ｖ字バランス、カエルバランス、柔軟体操など）、マット運動（ゆりかご・前回り・開脚前回り）を行った。

7　「前回り・開脚前回り・ゆりかご」（6時間）

①１１／１５（金）（開脚前回り）
※この日までに、数回、練習しているが、半分ぐらいは開脚で立てない。
※手やうでの使い方ができていない。

※前回りに戻して、手やうでの使い方を指導しなければいけないと
　思った。

②11／19（火）（前回り）

※手と足の間隔が広すぎて、回れない子がいるので、狭くしてみた。

※立ち上がる時に、手を着いたりおしりを着いたりして、うまく立
　ち上がれない子がいる。

＜なごやの会のコメント＞（11月23日）

・先に、普通の前回りを行って、それから開脚前回りにもっていく
ことが原則である。

・1学期にふんすい・えびを行ったことで、落ち着いて取り組んで
いる。

③11／25（月）（前回り）

※前回りから、立ち上がる時にうまく立てない子が目立つ。

※そこで、ゆりかごを通して、立ち上がる感覚をつかませたいと考
　えた。

④11／26（火）（ゆりかご）

※ゆりかごで、立ち上がる時に、足の下を持って、立つタイミング
　を練習する。

※M君は、以前に比べると、立つタイミングをだいぶつかみかけて
　いる。

＜箱石先生のコメント＞（11月30日）

　「箱石先生をお迎えしての会」（なごやの会）

・手と足の着く間隔が狭すぎるので、もう少し広くするとよい。

・前回りは、腕の使い方がポイントになるので、それをしっかりと
指導する。

・前回りは、跳び箱の台上前回りにつながる。そのためにも、前回りでしっかりと手や腕の使い方を身につけさせることが大事だ。

⑤12／2（月）（開脚前回りと前回り）

※箱石先生に教えていただいたことに取り組んだ。つまり、手と足の間隔をもう少し広くとって、腕の使い方にポイントを絞って前回りをさせるということだ。また、足の裏を返すことも入れてみた。これは、まだ課題になっていないので、できなくても仕方ないと思った。

⑥12／3（火）（前回り）

※腕の使い方は、だいぶよくなったように思う。

※手と足の間隔もよくなったように思う。

※KO君の演技が気になったので後で聞いてみたら、「今日は、寝不足で調子が悪かった。」と答えた。いつもは、もっとできるのでとても残念だった。

※SY君は、前回りが終わって立つ時に、おかしな格好をしていたので、聞いてみたら、「深呼吸をしていただけだよ。」と教えてくれた。

※KN君の準備が悪かったが、足がまっすぐに伸びてとてもきれいだったのでうれしくなった。

※SK君は、自分の「カエル前回り」が気にいっていて、特別に披露してくれた。いつもの前回りは、まだやる気にならないようだ。

8　体育の授業を通して考えたこと

　SK君は、自分より他の子がうまくできると気に入らないようだ。また、自分には無理だと思うと、見ているだけのことが多い。10

月にハードルをやった時だ。最初は、「おれには、無理だからやらない」と言って、2回見学していた。しかし、3回目に、少しだけやり出した。そして、ハードルを一つだけ跳び越して終わった。ところが、4回目には、放課になってみんながいなくなってから、ハードルを連続で3つ跳び越した。これは、すごいことであった。3年生では、全然できなかったと言っていた。最初、他の子たちも、ハードルをやり始めた時、恐がっていた。そこで、2回目には、ハードルを一番下にして、「トン、1、2、3」のリズムで跳ぶように練習したら、ハードルをもっと上手に跳べるようになりたいという子が出てきた。。

　11月に、マットを教室に持ってきておいたら、SK君は、休み時間にマットを出して、得意な「カエル前回り」や「ゆりかご」をやり出した。その気になればどんどんやれる子だ。他の子もいっしょにやっていた。

　開脚前回りに取り組んで分かったことがある。前回りでも、開脚の方が好きな子と嫌いな子があるということだ。T君は、開脚だとスムーズに立てる。だから、開脚前回りをやりたがる。腕の使い方、手と足の間隔は、どちらも同じだと思う。問題は、立ち上がる時の違いである。閉脚の前回りは、立ち上がる時に素早く足をおしりの方へ引きつけなければならない。また、太っている子は、立ち上がるのが難しい。そこで、考えたのが「ゆりかご」である。「ゆりかご」で、戻ってくる時に足の下を持って立ち上がることができるようにするといいのではないか。「ゆりかご」で、足の下を持って戻ることが大切だと分かってきた。

　最近、跳び箱の台上前回りにも取り組み始めた。まだ、腕の使

い方がしっかりとできていないので、マットで前回りも練習している。自分の中に、まだ、台上前回りのイメージがはっきりとしていないので、冬の合同宿泊研究会で学んで3学期につなげたいと思う。

9　竹内暁雄先生の感想
伊藤義道さん、本当におめでとう！

（前略）今年の夏合宿が終わって、最初の「なごやの会」を8月24日（土）に、大嶋奈津子さんのお宅で開いた。この研究会に伊藤さんは『「ふんすい・えび」の実践報告をして』という夏合宿の感想を書いてきた。

　この文章は伊藤さんの言葉で、自分の実践を振り返った内容のあるものだった。とくに、私は「教材解釈」ということについて考えさせられた。

　伊藤さんは、昨年度担任した2年生で「ふんすい・えび」を取り組んでいる。さらに、今年の4年生でも取り組んでいる。毎回のように、「なごやの会」に「ふんすい・えび」のビデオを持ってきて、意見を聴いている。また、多摩の会の加藤利明さんたちが開いている研究会に愛知県から参加している。昨年の冬の合宿研究会にもビデオを持って行って、一日の研究会が終わってから加藤さんや野村さんたちの意見を聞いている。こうした積み重ねのなかで、「ふんすい・えび」の子ども一人ひとりの技をどう見るのか、どこに問題があるのか、どこがいいのかを、体に沁みこませるように学んできたのだと思う。教材解釈というのは、そういう積み重ねによってできるようになる、そういう長い時間をかけて、たえず前に進んでいくものなのだ。それを伊藤さんの文章は物語っている。

　さらに、次のようなところにも注目した。伊藤さんは、先ほどの文章で次のように書いている。

　『昨年の冬合宿の時、加藤(利明)さんが、私の2年生の子どもたちのビデオを見て、「清潔な子どもたちだ」と評価してくれた。技術的なことよりも、まずそのことばが何よりもうれしかった。』

　同じく一昨年の冬合宿の加藤利明さんのコメントについては、私も冬合宿の感想文で触れている。次のようである。

　彼(伊藤義道さん)は今回も「実践交流の集い」に「ふんすい・えび」のビデオを持ってきて、懇親会の後に多摩の会の人たちに見てもらった。

　その集まりに私(竹内)は出なかったが、大嶋幾男さんから「加藤利明さんがとても大事な指摘をした」ということを聞いた。それは『子どもも一生懸命に技に取り組んでいるし、技もある程度できている。ここまできたら、座っている場所から立ち上がってマットまで歩いて行き、用意をして「ふんすい・えび」の演技をし、自分の席に戻るまでの流れ（リズム）が必要ではないか。』というものであった。

　加藤さんの指摘を聞いて「なるほど」と思った。（中略）「なごやの会」では、伊藤さんの「ふんすい・えび」のビデオを見て「ふんすい」のときに腰が曲がっていて伸びない子どもがいる、というような、[技ができるかどうか]に目がいっていた。しかし、加藤さんのコメントは、技の奥にいる[子ども]を見ていると思った。一つの流れ（リズム）が出てきたとき、子どもたちはきっと快感を感じ「ふんすい・えび」が更に好きになっていくに違いない。

　同じ加藤さんのコメントを聞いたのに受け止め方は微妙に違うの

だ。実践者である伊藤さんは「清潔な子どもたちだ」という評価がうれしかった。同じく加藤さんのコメントを聞いた大嶋さんは(そして、私も)次の課題を的確に指摘したことに感動している。

　伊藤さんは、どうして加藤さんの評価がこんなにうれしかったのか。「なごやの会」で、私も他の人も伊藤さんのビデオを見るたびに子どもたちの演技の美しくなっていることを言っていた。加藤さんとどこが違うのか。

　私の言葉は条件付きだったのではないか。演技が美しくなったが、心のどこかで(あそこを直すといいのに)というのがあったのではないか。「子どもの演技の美しさ」に本当に感動していなかったのだ。

　私自身が課題としている「自分が本当に感じたもの」があるのか、あるとすればそれは何か、ということと関係しているに違いない。他の人の意見に惑うことなく、自分自身の感ずることをはっきりさせることだ。

　米大リーグ、ヤンキースのイチロー選手が日米通算４０００安打を達成した。２００１３年８月２３日の中日新聞夕刊のトップ記事である。そのときのイチローの言葉が心に残った。次のように述べたという。

　「４０００安打を打つには、８０００回以上の悔しい思いをしてきた。それと常に向き合ってきた」

　「失敗を重ねていって、たまにうまくいって、ということの繰り返しだと思う。それを(これからも)続けていく」

　イチローでさえ、いやイチローだから「悔しい思い」をして、それを乗り越えようとしてきたのだ。伊藤さんの文章とつながるとこ

ろがあるように思った。

　「なごやの会」の実践の中で「子どもの間違いは宝物」ということが共通の考えになっている。授業のなかで、子どもが間違えた発言をしたことが、内容を深めたり、振幅のあるものにしたりするきっかけになったことが何度もあったからだ。

　教師にとっても「間違いは宝物」といえるのではないかと思い始めている。——

10　まとめ

　２３歳の時から竹内先生のお宅で開かれていた「なごやの会」（旧名古屋教授学研究の会）で、お世話になっている。私は、研究会で１０年以上たってもなかなか授業ができなかった。他の方は、どんどん力をつけていっているのに、自分はいつになったら、まともな授業ができるようになるのだろうか、と思い悩んでいた。そんな時、竹内先生は何度も手紙を書いて下さった。そのおかげで、６５歳まで仕事を続けてこられたと言っても過言ではない。もちろん、竹内先生だけではなく、研究会の皆さんの助言も大きな支えとなっている。改めて仲間の大切さを感じている。

　竹内先生が書いてみえることの中で、「自分が本当に感じたものがあるかどうか」ということが私にとっても大きな課題であると思った。自分が本当に感じたものがないと、他人に対して自信をもって意見を言うことができないし、相手にも通じない。自分が感じることができるには、どうしたらよいのか。それは、自分の経験が物を言うと思う。失敗体験、成功体験どちらも自分の中に確固としてあれば、それを基準に感じたり、考えたり、思ったりすること

ができるのだと思う。

　とにかく、続けるしかない、あきらめたら終わりだと思い、ここまでやってきた。若い先生方も自分を信じ、仲間を信じ、自分の道を切り開いて行ってほしいと思う。

3年 算数「重さ」の授業

1 はじめに

　私は退職してから、再任用で3年生3クラスの算数を担当することになった。現職の時のように自分のクラスとは違い、子どもと関わる時間が少ないので、最初の頃は、子どもの特徴がつかめずとまどうこともあった。なんとか早く子どもたちとうち解けたいと思い、授業の中でぬいぐるみを使って、授業を行うように工夫した。この授業の中にもそのぬいぐるみが登場する。名前は、ティラノスケとティラリンである。恐竜のティラノザウルスのかわいいぬいぐるみである。子どもたちは、授業が終わってもこのぬいぐるみをさわりに来る。

　「なごやの会」では、「箱石先生をお迎えしての会」を1学期と2学期に1回ずつ開催してきた。わざわざ山梨から遠路はるばる「なごやの会」に来ていただき指導していただけるのに、何も出せなくて惨めな思いをしたこともある。退職してから少しのんびりしたいという気持ちもあったが、この会に向けて授業を報告したいと思い、実践した記録である。

　最初は、算数の三角形の授業を報告しようと思って、準備をしていた。しかし、授業は思うようにできなかったので、「重さ」の授業に切り替えて実践したものである。教科書は、啓林館である。

2 「重さ」の授業記録

第1時（２０１４年１１月２５日　火曜日）

　上皿天秤を持って教室へ入ると、子どもたちは、口々に見たことがあるとか言っている。（※は教師）

※「何をするものか知っているかい」

「重さをはかるもの」

※「そうだね。例えば、天秤のこちら側に三角定規を乗せて、反対側に鉛筆を乗せると重い方に傾くように作ってあるんだね。」

※「では、実際にやってみようか。あきお君、この三角定規と鉛筆を持って、どちらが重いか予想してみてくれないかな。」

　Ａ君は、一番前の席。算数は、あまり得意ではない。しかし、こういうことは、やる気満々である。ここで、活躍させるには、もってこいの子である。

　しばらく、Ａ君は三角定規と鉛筆を交互に持ってくらべている。なかなか決まらない。１０グラム程度の重さなのでどちらが重いのか分かないのは当たり前だ。他の子たちにもどちらが重いか予想を立てさせた。だいたい半々ぐらいに分かれた。Ａ君は、まだ決めることができない。そこで、Ａ君にも予想させた。

「三角定規の方が重い。」やっと決まった。

※「では、実際にやってみるよ。」

　まず、静かに上皿天秤に鉛筆を乗せ、次に三角定規をそっと乗せる。重い方に天秤が傾くはずだ。子どもたちの目線は、全員上皿天秤に向いている。すると、三角定規の方に傾く。

「やった。」と歓声があがる。やりたい、やりたいと一斉に子どもたちの手が挙がる。

※「それでは、今度は、ティラノスケとティラリンのどちらが重いだろうか。」

　ティラノスケだ、ティラリンだと子どもたちの声が返ってくる。このぬいぐるみは、算数の時間に時々登場する。普段から触っている子は、どちらが大きいか分かっているので、自信満々である。しかし、今までに近くで見たり触ったりしていない子には、まったく同じ大きさのぬいぐるみに見えるので、重さも同じだと考えている。実は、私も最初はこの２つのぬいぐるみは同じ大きさで同じ重さだと思っていた。遠くから見ただけでは、まったく同じ大きさに見えるのだ。そうなると、重さも同じだと考えるのが普通だ。そこで、予想させると、同じ重さと考える子もたくさんいた。子どもたちの予想は、三つに分かれる。先ほどのように、天秤の皿から転げ落ちないように、そっとティラノスケを乗せ、次にティラリンも慎重に乗せると、ティラリンの方に傾く。

　すると、T君が、「ティラリンの方には、モールが巻いてあるから重いと思う。モールを外してやってみて」と、また注文をかけてくる。そこで、モールを外して量ってみると、外したにもかかわらずティラリンの方に傾く。T君は「では、天秤に乗せるのを、反対にしてみて」と食い下がってくる。私は、ここまでT君が本気になって言ってくるとは、思ってもいなかった。そこで、反対に乗せてみる。しかし、やっぱりティラリンの方に傾く。遠くからでは分からないが、わずかにティラリンの方が大きいのだ。同じように見えるぬいぐるみでもわずかに重さが違うのだ。（実際は、５グラムの差がある）

「山田先生とヨッシー先生とどっちが重いかやってみて」

K君は、担任の先生のすぐ前の席だ。時々、とんでもないことを言う子であるが、この時は、のりのりである。上皿天秤に興味を持ち始めていることがよく分かる。

※「今度は、この５円玉と１円玉とどっちが重いだろう。」
ほとんどの子は、「５円玉の方が重い」と答える。そこで、実際にやってみるとやはり５円玉の方が重い。

※「では、この５円玉は、１円玉何枚と同じだろうか。」
子どもたちに予想させると、２枚から１０枚に分かれた。
「１枚、２枚、３枚」と１枚ずつ乗せていく。３枚乗せても動かない。そして、４枚目を乗せるとやっと傾いて、だいたい釣り合った。ということは、５円玉は、１円玉４枚分ぐらいの重さということが分かった。「５円だから５枚だと思った」というつぶやきが聞こえる。

※「では、みんなもやってみたいでしょ。」
「やりたい、やりたい」という声が返ってくる。

そこで、グループに分かれて、いろんなものを１円玉何枚分かを調べさせた。

各グループに１円玉を６０枚ぐらいずつ配り、１円玉と比べさせた。子どもたちは、グループで順番に自分の量りたいものを量り、友達の量ったものも記録している。その中で、T君の班では、鉛筆を入れた筆箱を量っていて、「７８枚でもだめだった」と紙に書いていた。これは、２時間目に台上ばかりで量る時に使えると思った。三角形の授業では、子どもの考えたことを使えなかったので、今度こそは使おうと思い、子どもの記録用紙から見つけることができた。

このように第１時では、実際に物と物を持って比べる直接比較を

行い、次に1円玉を媒介にして比べる間接比較を扱った。第2時では、普遍単位であるグラムやキログラムを台上ばかりを使って身につけさせることにした。

第2時（11月26日　水曜日）

　放課の間に台上ばかりを3年1組の教室に持って行くと、N君が、私のカバンから見つけ出したティラノスケとティラリンを台上ばかりに乗せて量り始めた。「1グラム違うのか。」と言っている。これは、授業で使えるぞと思った。私は、事前にいろんな物の重さを量り、ちょうど5グラムの違いのある物を用意していた。その中にティラノスケとティラリンのぬいぐるみも入っていた。N君の言葉を聞いて、このぬいぐるみを授業で使うことに決めた。子どもたちは、このぬいぐるみが好きなので、きっと食いついてくると確信した。

　授業の始まりの挨拶を終え、さっそく授業に入った。

※「昨日、筆箱を量ったら、1円玉では、数が足らなくなって量れなくなったグループがあるね。」

「ぼくたちだ。」

※「どうしたらいいと思う。」

「もっと1円玉を乗せる。」

「乗せられなくなってしまったら、量れなくなる。」

「そこにあるはかりを使えばいい。」

※「外国の人に、この筆箱は1円玉何枚分で分かるかな？」

「分からない。」

　そこで、世界中の人が分かる重さの単位がグラムであることや1

円玉は１グラムであることを話した。台上ばかりの使い方の注意を読ませて、教科書に書いてある算数の教科書の重さが何グラムかを考えさせた。黒板に（秤量１キログラムのはかりの図）を書き、全員に分かるようにした。

　１目盛りが１グラムだと思っている子も多いだろう。そこで、１目盛りが何グラムかを考えさせた。ここが今日の授業の中で大変重要なところだ。子どもたちは、考えている。目盛りの線がたくさんあるので、結構難しい。しばらくして、Ｒ子が、０グラムから１００グラムの間の目盛りを数えて、一番小さい目盛りが５グラムであることを説明してくれた。１目盛りが５グラムであることを図を使って、５、１０、１５、・・・・と数えながら５０グラムまで子どもといっしょに数えた。

「少し長い目盛りが１０グラムだ。」そんなＮ君の声が聞こえた。これも重要なことだ。そのことも取り入れて、１０、２０、３０、・・・・と１００グラムまで数えた。そして、算数の教科書は、何グラムかを考えさせると、２２０グラムであることが分かった。

「そうか、ティラノスケとティラリンは、５グラム違うんだ。１グラムじゃなかった。」授業が始まる前に量っていたＮ君がつぶやいた。

　先ほど黒板に描いたはかりの図に、ティラノスケとティラリンの重さを書き、ちょうど１目盛り違い、その差が５グラムであることを実際に量って確かめた。ちなみに、ティラノスケが４０グラムで、ティラリンが４５グラムであった。Ｎ君は、このはかりの１目盛りが５グラムであることがとてもよく分かったようだ。

　その後、グループに台上ばかりを配り、いろんな物を量ることに

した。

　1班のK君は、いきなりランドセルを持ってきて量り始めた。しかし、1キログラムを超えて量れない。すると、ランドセルに入っている物を全部出して、再び台上ばかりにランドセルを乗せる。残念！　目盛りは1キログラムを超えて量れない。ランドセルは、1キログラムを超えているのだ。N君のグループは、あきらめて、違う物を量り始めた。筆箱、歌集の本、めがねケース、ビーズ入れ、そして、一番人気があったのは、図工で作った「トントンサクサク木の名人」という作品だ。自分で作った作品なので思い入れがあるのだろう。

　3時間目には、秤量2キロのはかりを使って量る。その時にきっとランドセルを量るに違いない。3時間目は、担任の先生に授業を行ってもらった。次の日に、記録用紙を見ると、やはりランドセルの重さが記入してあった。

　2組のM君と階段ですれ違った。「また、はかりで量れる？」と、笑顔で話しかけてきた。文章題になるととても苦労するN君。しかし、この重さの学習では、やる気がみなぎっていた。重さの授業は、1組だけではなく、2組の子どもたちにも魅力のある授業になっていたのだとうれしくなった。

3　授業を終えて

（1）三角形の授業の失敗から学ぶ

　「重さ」の授業の前に行った「三角形」の第1時の授業では、正三角形と二等辺三角形の定義や性質を教えるために、三角形の仲間分けをさせたいと思っていた。仲間分けをする前に、ストローで三

角形を作らせることが困難であった。例えば、ストローの端と端を
セロテープでくっつけることが難しかった。一人で作れない子には、
隣の子にストローを押さえてもらい、その間にセロテープでくっつ
けるようにさせた。もちろん一人でできる子もいたが思ったより手
間取った。中には、予想通り１２㎝、６㎝、６㎝のストローで三角
形を作っている子もいた。その時、この３本では、三角形は作れな
いことを確認した。ほとんどの子は分かったようであるが、３組の
H君は、それでもいいと言って作っていた。ストローで三角形を作
ることが３年生の子どもたちにとっては、予想以上に難しい課題で
あることを実感した。子どもたちは、ストローでいろいろな三角形
を作り、それらの三角形を適当に組み合わせて、顔の形、船、チョ
ウチョ、クリスマスツリーなど、自分の好きな形にして画用紙に貼
る作業をして楽しんだように思えたが、単なるお遊びになってし
まった。

　この作業は、なんのためにやらせたのか。三角形に興味を持たせ
るためにやったのであるが、この作業がこの単元を通して追求させ
る、正三角形や二等辺三角形の定義や性質に結びつくものになって
いなかった。

　第２時では、前時に三角形を画用紙に貼らせてしまったので、
せっかく子どもたちが作った三角形を使わず、改めてモールとスト
ローで作ったものを、全員で仲間分けをさせていったのである。そ
の時に、３色同じもの、２色と１色、そして、３色とも違うものに
分けさせたのである。子どもたちの考えを取り入れず、なんの疑問
も持たせないように、正三角形、二等辺三角形、その他の三角形に
分けさせたのである。子どもとともに授業をやろうとせず、私の教

え込みで終わってしまった。つまり、1時間目で子どもたちが考えたことを生かすことができず、一方的な教師中心の授業にしてしまったのである。

　なぜ、こうなってしまったのかである。私は、あまりにも三角形の仲間分けをさせることにこだわりすぎていた。仲間分けをする作業の中で、正三角形や二等辺三角形の定義や性質につながるように、授業の構成を考えることが大切なのに、仲間分けをすることを目的にしていたのである。三角形の単元全体の中で、仲間分けの作業がなぜ必要になるのか、なぜやるのかを曖昧にしたままで、授業に入ってしまった。そして、正三角形や二等辺三角形の定義を子どもたちといっしょに考えるのではなく、結局教え込んでしまったのである。「なごやの会」の大嶋奈津子さんが私の授業についてレジュメを作ってきてくれた。奈津子さんの文章を読んだ時、単元全体の中で、仲間分けの意味を考え、授業を構成しなければ、意味のない作業になり、次につながっていかないということがよく分かった。

（2）子どもと楽しむことができた重さの授業

　三角形の授業の失敗を無駄にせず、重さの授業では、できるだけ子どもの考えを生かして、子どもと一緒に、授業を楽しみたいと思った。教材研究をする過程で、子どもたちが重さの概念について、少しずつ獲得できるように計画を立てた。職員室で、ほかの先生にも意見を聞いた。そして、間違えやすいところや重要なポイントになるところを考えて授業に臨んだ。その結果、授業では、子どもの発言に対して対応することができ、授業記録もすぐに書くことができた。子どもに助けられ、子どもと一緒に授業を行うことができたと思った。

1時間目では、具体物の直接比較と、1円玉を媒介として間接比較をさせることにねらいを絞った。上皿天秤を使って、楽しみながら実験ができる。直接比較では、どちらが重いのかが分からないこともある。その時、上皿天秤を使って、1円玉何枚分という間接比較をして、重さを量ることができる。予想を立てながら、実験して確かめることが子どもたちにとっては、とても楽しいことであった。

　例えば、M子は、授業後の感想を次のように書いている。

　「重さをはかるのはとても楽しかったです。わたしは、kgやgやt（トン）というたんいは、はじめてしりました。gをはかるのは、少しむずかしかったけれど、いまはとてもかんたんにすらすら問題がとけます。てんびんで1円玉とケシゴムだったら、まだケシゴムの方が重いので、1円玉を１０枚ぐらいおけば同じになると思ったら、全くちがったので、心の中で大わらいしました。gをかくのは、すごくたいへんで、家でノートに練習してかけるようになりました。」

　M子は、予想と全く違っていたから、心の中で大笑いしたのだ。予想を立てて確かめることは、とても楽しいことだ。楽しみながら重さについて学ぶことができたのだ。M子だけではない。どの子も予想を立ててから、重さを量って楽しんでいた。

　第2時では、普遍単位であるグラムやキログラムという重さの単位を覚え、上皿天秤では量れないものも量ることができた。この時間では、台上ばかりの目盛りの読み方が大事なポイントになる。はかりによっては、1目盛りが5グラムになったり１０グラムになったりする。M君のように、1目盛りが1グラムと思う子も多い。今回は、ぬいぐるみの重さがちょうど5グラムの違いがあったので、

それをうまく活用することができた。これは、偶然できたように思えるが、事前に職員室でいろんな物を量り、どれを使ったらよいかを考えていたから授業で対応することができたのだと思う。

このように重さの授業では、子どもとともに授業を楽しむことができた。

4　大嶋奈津子さんの感想

（1）　構成が良い

まず、1時間目は、三角定規と鉛筆で導入し、ティラノスケとティラリンで遊び、その後、1円玉を中心とした幾種類かの硬貨を使って、次時の1グラムという単位につながる学習遊びになっている。

2時間目は、まず、台上秤を見せて、子どもたちの興味を集めるが、しかしすぐには触らせない。秤の使い方の説明をしてから、1円玉が1グラムであることを昨日の授業とのつながりの中で確認している。しかし、この段階では一番のメインである「1目盛りが5グラムである」ということは教えていない。伊藤さんは、予めここが一番難しいと思っていたそうだ。だから、5グラム差の物をポケットに沢山用意していたそうだ。だからこそ、N君のティラノスケとティラリンの違いについてのつぶやきを楽しめることもできたのだ。

（2）　伊藤さんが授業の中で子どもと遊んでいる

「何をするものか知ってるかい。」に始まり、A君に予想させて物を持たせる。その後、他の子にも予想させる。先に軽い鉛筆を乗せ、後で三角定規を乗せるところも、子どもたちの反応を楽しんでいる

63

ことが分かる。「静かに」「そっと」の文章に、伊藤さんの子どもたちの反応を楽しむ心が表れている。マジックショーのマジシャンと観客のようである。

　ティラノスケとティラリンを使ったのも良い。「子どもたちに親しまれていること」「同じに見えるのに5グラムの差があること」「一方にモールがかけてあること」など、子どもたちがはまっていく仕掛けが満載だ。

　次の硬貨遊びも良い。1グラムである1円玉を主人公にして、自然と1グラムに行くような仕掛けがあるのだ。

（3）　教材の本質につながる教材の準備をしている

　箱石先生をお迎えする会の1週間前の土曜日、名古屋の例会で、「（失敗してしまった）三角形の授業をどうすればよかったかについて書いてみたら。」とみんなに言われた時、伊藤さんは、「重さで授業をやろうかと思っている。」と答えた。私は、「そんなぁ。三角形の問題点もはっきりしていないのに、残り1週間で何ができるのだろぅぉ。」と思っていた。

　ところが違っていた。準備にかける時間は、明らかに三角形の方が多い。ストローを何本も用意し、自分でも何種類かの三角形を作り、教材研究や授業計画を何度も何度も例会に持ってきていた。

　しかし、かける時間は少なくても、「重さ」の準備は繊細で厚みがあった。

　微妙に重さの違う物を事前に確かめて幾つも用意し、メインは、ティラノスケとティラリンであるとはっきりしている。これらの中に、同じように見えても重さが違うことや、1グラムの意味や目盛りの読み方など、「重さ」の学習にはなくてはならないことが詰

まっている。しかも、実際に授業で使ったのは、用意した物の中の一部である。授業の流れの中で、使う物を判断して行ったのだそうだ。

　また、1円玉を中心とした幾種類かの硬貨の重さを事前に確認している。これらも全部を使ったわけではない。あくまでも、1円玉を中心としているところが、1グラムにつながる鍵となっている。

　この授業の準備では、伊藤さんには、「これを出したら…。」「これを使ったら…。」というときの、子どもたちの表情が見えていたように思う。準備しているとき、楽しかったのだろうと思う。──

5　おわりに

　11月30日の「箱石先生をお迎えしての研究会」では、箱石先生に私の重さの授業記録を見ていただき、島小の授業記録のようだ、と言ってもらえた。こんなうれしいことはない。重さの授業は、授業の様子を思い出して書いた。箱石先生に授業記録を見ていただいた後、「なごやの会」で、何回も検討してもらった。記録の分かりづらいところや表現の不適切な部分を指摘してもらって、文章を書き直した。重さの授業では、その時の子どもの表情や発言、座席の場所までも鮮明に覚えている。子どもが食いついてくるというのは、こういうことなのかという実感をもつことができた。

　大嶋奈津子さんには、大変丁寧に私の授業について感想を書いていただいて感謝している。特に、考えさせられたのは、「学習遊び」とか「授業の中で遊んでいる」という認識である。私は、柔軟な考え方ができず、つまらない退屈な授業になってしまうことが多い。つまり、学習していることが遊びのように楽しくできないのである。

「三角形」の授業では、「遊び感覚で授業に取り組むとよい」と研究会で言われたことを真に受けて、教材の本質とつながる方法ではなく、単に三角形作りをさせただけである。

　その反省をもとに、「重さ」の授業に取り組んだのである。遊びのように楽しく学習に子どもたちが取り組んでくれるにはどうしたらよいのだろうか。物の重さは、見ただけでは分からない。そのことを利用して、重さ比べをして、子どもたちに興味を抱かせる方法を考えた。教材研究をしている時は、理科の実験のように自分でも楽しんだ。見ただけでは、同じ指人形も実際は５グラム違っていた。子どもたちは、ほとんどの子が同じ重さだと思っていた。私も確かめる前は、同じ重さだと思っていた。さらに、はかりの１目盛りが５グラムであることもポイントになった。子どもは、１目盛りが１グラムと考えがちだ。１円玉が１グラムあることを利用して、５円玉や１０円玉が何グラムかを予想するのも楽しかった。

　一つうまく授業ができたからといって、次からもできるとは限らない。そこが、授業の面白さ、難しさである。しかし、若い人たちには、失敗を恐れず、失敗から学び、どんどん授業に挑戦していってほしいと思う。授業の中で、真に子どもに出会うことができ、教師になって良かったと思える日がくることを願っている。

II

キラキラと輝く
4年生を求めて

加藤裕子

教職について３年目、斎藤喜博先生「教授学研究の会」と出会い、その後「多摩第二土曜の会」に所属して箱石泰和先生・小林重章先生に長年、指導していただきました。

　毎月１回開かれる「多摩第二土曜の会」の例会や、夏休み冬休みに開かれる「名古屋教授学研究の会」や「札幌教授学研究の会」との合同宿泊研究会で、仲間と共に学びました。保育園、小学校、中学校、高等学校の仲間の様々な教科や領域の実践報告や直接の合唱、表現、体育などの実技指導や自分の実践を報告検討していただくことで、幅広い子ども研究、教材を知り研究することができました。

　この「キラキラと輝く４年生を求めて」の実践は、「多摩第二土曜の会」の会誌「持続　５３６号　個人号」に載せたものを、加除訂正したものです。子育てをしながら、主婦をしながら、日々の授業をしながら、実践をまとめることはエネルギーのいることでした。しかし、授業を録音し、それを文字におこしレポートにまとめ例会に行き、検討していただくということの繰り返しで、ほんの少しずつ子どもたちのこと、教材のことなどが分かってくる、それがうれしくて続けられたのです。そして、実践が進んでもまだ先がある、その奥深さに圧倒されながらも、憧れ続けて現役生活を送りました。現在は「第２期実技等研究会」に所属して、若い先生方と学び続けています。

「白いぼうし」の授業以前のこと

　教員生活の折り返しを迎えたころから、私は高学年担任専科のようになっていて、この年も、連続4年間6年生担任をしての、久しぶりの4年生担任となりました。

　高学年の担任では子どもと子ども、子どもと教師の関係づくりや、子どもたちの授業に対する期待感、そして一つのことをクラスみんなで（担任も含めて）追求する面白さなどを、まずは算数の授業で取り組みました。今持っている力をさらけ出して考え、発言したり、友達を認めたり、友達と考えを共有したり、深めたりすることで、自分を素直に表現できずにイライラしたり、無気力になったり、暴力暴言が出たりしてぎくしゃくしていた子どもたちが、実に美しく豊かに影響し合って、ドンドン変身していく姿を目の当たりにしたのです。授業することが生徒指導だとつくづく思う、高学年での担任経験でした。

　この4年生の子どもたちとも授業に真摯に取り組み、小学生の中でも子どもらしさの一番輝く4年生らしい4年生に、と願って実践したのです。

　4月当初の職員会議の合間の休憩時間に多くの先生方に「大変だよ〜」と言われて、この子どもたちの担任になりました。たしかに昨年度毎月開かれた「生徒指導・教育相談部会」で出される3年生

の報告を聞いていても実に大変そうな子どもたちでした。

　４年生に進級してすぐに例年通り、地区の学力調査（国語・算数）が行われ、その結果から学力面でもとても大変だということが分かりました。国語も算数も全ての問題で平均以下という惨たんたるものでした。

　気分によって学習の取り組み方にムラのある子、ちょっとしたことでカッとなり手の出てしまう子、いつも誰かとトラブルを起こしてしまう子、いつもうそをついて逃げてしまう子、いろいろな理由で学力不振な子、いつも暗い表情で殻に閉じこもっている子、自分の世界で遊んでしまう子・・・３６名のクラスで１１・２名が生徒指導、教育相談の個票に名を連ねざるをえないような状態での出発でした。

　４月８日・始業式の日、学級通信『きらきら』に私はこう書きました。

　『４年生は小学校の中で一番輝く学年です。毎日、クラスの友達と先生と、ごまかさず一生懸命成長しようとがんばった人がキラキラ輝く４年生になれるのです。』と。

　私はこの子どもたちを本当にキラキラ輝く子どもたちにしたい、と心底思いましたし、絶対そういう子どもたちにすると固く心に決めての１年が始まりました。

　何でも一生懸命取り組める子、国語の読み取りのできる子、算数の計算のできる子、側転のできる子・・・等々と考えながら、まずは１学期（４月〜１０月上旬）の大雑把な計画を立てました。

70

国　語	算　数	他の教科	生徒指導
物「三つのお願い」 ・読みを中心に会話文で遊ぶ。 【全体が楽しむ】		体「前まわり」 ・基本の前まわり→大きな前まわりを追求する。 【男女差が大きい。徹底するとだめだと感じる】	・毎日クラスの友達と先生と、ごまかさず一生懸命成長しようとがんばった人がキラキラ輝く4年生になれる。
「手紙を書く」 ・父母・祖父母・友達に決まりを守って手紙を書き、ポストに入れる。 【やらなくてはいけないことは一人でもさぼってはダメ】	（楕円内） 5月半ば校内音楽会の合奏の楽器分担で2組の子ばかり希望する。色々なことに積極的になり、様々なことにチャレンジするようになる。歌声が吹っ切れてくる。	体「50M走」 ・50M走で走り方の指導 【タイムが上がり、体育に対して前向きになる。→立ち幅跳びへの効果大。】	・ケンカはみんなの前で解決する。解決している時に話を聞いてない者が一番怒られる。
「漢字の組み立て」 ・漢字辞典、国語辞典の使い方を学び、十分使わせる。 【今まで受動的だった子ほど、のって調べる。】		社「ゴミ・上水道」 ・覚えること、資料から読み取ることを意識して学習する。	【Sくんが「ケンカのことをみんなの前で言わないで」「自分で悪いことなんかわかるもん」「ダメな時は先生に頼みに来る」と、言いに来る】 ・考えないで行動するのは人間ではない。つられて行動してしまう弱さを指導する。
漢「かむことの力」 ・難語句を文章の中で想像して解決することをクラス全員で取り組む。 【読めば分かるね、と言い出した。】	「わり算(1)」 ・タイルを使い、徹底的にわり算の概念（等分除）をいれる。 【すごく弱い子までわり算をすることを楽しみ、わり算に対する抵抗感はなくなる】	体 再び「前まわり」 ・全員が合格するように取り組む。 体「側転」 ・『かえし』のみでせめる。	【一人でも掃除する子が増える。進んで手の届かない場所まで掃除し始める。班で掃除をすると楽しい】
詩「春のうた」 ・一人一人の読みを	【給食を食べる時間になってもわり算を解き続	【女子全員できるようになる（3回目）→男子	・差別・いじめは絶対許さない。みんな

71

大切にする。 【自分の感じたことなどを次々に話すようになる】 「新聞記者になろう」 ・班で話し合い、新聞の作り方を任せる。 【子ども達も私も満足する素晴らしい新聞が出来上がった】 「ローマ字」 ・かるたを作り、徹底して覚える。 【一人で班で、朝の時間、昼休みの時間等々時間を見つけて取り組む】 物「白いぼうし」 ・初めの感想をもとに問題作りをして、読み取っていく。 物「一つの花」 ・白い帽子での読み取り力をさらに伸ばす。（音読練習は1学期から、読み取りは2学期に）	ける子がたくさん】 ↓ 【クラスみんなの前で自分の考えを言うことの恥ずかしさがなくなる】 【わり算の復習を喜んで取り組み、友達と問題の出しあい等も始める】 運動会の80M徒競走で女子全員が3位までに入る。男子もとても力をつけ、好成績を残し自信を持つ。動きがますます速くなり、快活になる。	は女子ができるようになってやっと火がつく】 【夏休み前には全員ができるようになる】 体「運動会」 ・側転と跳び箱の演技に取り組む。 【4の2の技は美しいと多くの先生に認めていただく】 【"みんなが大事"を練習を通して実感する】 【自主学習が充実して、楽しい内容のものが多くなる】	違ってみんないい。いろんな子がいるのがクラス。でもみんないい所がある。R子さんも側転ができるはず。Eくんの社会性のなさはだめ、でもそれで声をかけなかったら、みんなが損。どんな子も巻き込める人が1番勇気のある人。みんながみんなのために働こう。 【4の2という集団としての良さを感じ始める子どもたち】 ・生意気な子は成長しない。知らないことがいっぱいある子ほど友達いっぱい、楽しさいっぱい。 【トラブルなしの4の2となってきた】

　この表を教材・目標・学習している時の子どもたちの様子をいつでも振り返ることができるように、学級日録の裏表紙に貼り付けました。授業をした後に振り返って、付け加えたり、改めて計画に入れたりして毎日を過ごしました。また、一日の学級生活であったことや授業での子どもたちの様子などを日録は勿論、学級通信『きらきら』に書いて、翌日の朝の会や授業前などに子どもたちと一緒に読んで、お互いの成長を喜んだり、確かめたりすることを重ねました。

　日々の学習指導を通して見えてきた子どもたちの実態は、４年生の学習内容を習得、習熟する以前に、前学年の学習に立ち戻って４年生の学習を進めなければならない、また繰り返しをこまめに取り入れていかねばならないということでした。

　例えば、算数の授業開始からほぼ５分間で取り組んだ「一歩一歩学習」と銘打った計算練習でも、九九の６，７，８の段がなかなか定着していかない子どもたちが１０名近くいました。また、繰り下がりのある引き算においても、繰り下がりの意味が分かっていないで間違ってしまう子どもが５，６名いました。「へえ～この子が分かってないんだあ。」と、普段はしっかりしているように見える女の子にビックリさせられることもありました。九九を覚えなおしたり、計算の仕方を初めの考え方から復習したりしてもなかなか定着していかない子どもが残ってしまうことが否めない状況で６月の中旬の「１位数で割るわり算」に入りました。

　「１位数で割るわり算」では、タイルやブロックで計算方法を考えたり、確かめたりを繰り返すことで、多くの子どもがわり算の筆算に興味を持ち、挑戦することに喜んで、自信を持つ子どもも多く

出てきました。それまでなかなか算数の学習に真剣に取り組めなかった子どもが給食を忘れて、「問題出して〜」と、何問も何問も挑戦したり、多数桁÷一桁のわり算を自主学習で取り組んでくるようにもなったりしました。「自分だってがんばればできるかもしれない。」と、生活全てで前向きにもなりだしました。この「1位数で割るわり算」の学習を通して、自分の考えをみんなの前で発表することに対する抵抗感が少なくなってきていました。

　同時期に取り組み出した体育の「前まわり」「側転」でも、算数で見られた友達にはっきり自分の意見を言い、教え合う場面が多く見られるようになりました。「まだ、指先が白くなるほどマットつかんでないよ。」とか「もう一度、返しの練習したらいいと思うな。」とかずばりときついことを言われても、素直にその言葉を受け入れられる子もたくさん出てきて、とてもいい感じになってきました。

　国語では読み取り以前の漢字の読み書きが立ちふさがりました。漢字が読めないから音読するのが面倒くさい、面倒くさいから音読しない、音読しないから文章を味わえない、といった感じでした。そこで国語でも国語の授業のほとんどの時間の始まり5〜7分位で「漢字小テスト」に取り組みました。前日に漢字ドリルの宿題を「漢字小テストで100点とれるように、自分で考えて練習しておいで。」「ドリル◯番の①から⑩だよ。」と言って、出します。1回練習してくる子、3回、5回、10回と子ども一人ひとりが自分で決めて練習してきます。漢字しか練習して来ない子、読みがなを全部振ってくる子、読みがなを1回目だけ振ってくる子と、様々です。そしてその翌日、小テストをします。その日のうちに丸を付けて返

却して、その日の宿題も同じ範囲の漢字練習の宿題を出します。即ち、同じ漢字を少なくても２回ずつテストしていくのです。３０名以上が１００点をとらなかったら、3回目もあります。初めは５問ずつでしたが、１ヶ月もしないうちに「１０問ずつにしても、へっちゃらだよ。」という声が聞こえてきたので、１０問ずつにしました。「１回目で満点をとれなかった子は、練習回数が少ないのか、練習方法が悪いのかって自分で研究するんだよ。」この方法を４月から１年間続け、漢字への抵抗感を減らしていったのでした。広告紙の裏に練習して、１回漢字練習ノートに丁寧に書くなんて言う、経済的な練習が広がりを見せました。「初めは５回ずつ練習しないと１００点採れなかったけど、今は２回で自信満々。」なんて言う声もだんだん聞こえてきました。

　夏休みがあける９月１日、子どもたちはすごく張り切った顔で登校してきました。夏休みに、漢字練習だ、計算練習だと復習をしてきている子どもがたくさんいました。

国語「白いぼうし」の授業

___

　夏休みの明けた残暑の中、そして運動会の練習の中、「白いぼうし」の授業に取り組みました。

《「白いぼうし」で目指したいこと》
① 音読を全員がきちんとできるようになること。
② 初めの感想に「分からないなあ」とか「こういうことかなあ」とかいうことを書くようにさせること。
③ 感想から問題づくりのきっかけを作り、自分たちの作った問題を考え合うことで読み取りを進めること。
と、しました。

　なぜ上記のように考えたかというと、４年生として、きちんと文章と対面した授業をしたいと考えたからです。
　どの子もその子なりの音読に挑戦させたいと思いました。漢字の読みもおぼつかない子はとにかく正確に読めるように、スラスラ読める子は少なくとも会話を自分なりの考えで読めることや、情景が浮かぶように読めることなど、一人ひとりが目標をもってきちんと音読させることで、きっと深い読み取りにつながると考えたからで

す。

　また、子どもたちの出された初めの感想から一斉に学習する時の課題を立てたいと考えました。この時の子どもたちには書き込みはできないと感じていました。書き込みに代わるものとして、その当時流行りの学習プリントを用意することは、私の読み取りに子どもたちを付き合わせることになるのではないか、そうだとしたらこの４の２の子どもたちの読み取りとは言えないのではないかと考えたこともあり、学習プリントは使いませんでした。子どもたちから出てきた課題をクラスの友達と考え、解決していくという楽しさを味わわせたいとも考えたこともあります。子どもたちが「知りたい」と、思った時、本当の授業が成り立つのではないか、と考えたからです。

　子どもたちは初めの感想を書きながら、

「このお話、よく分からない」

「おもしろそうなんだけど、分かんないこともいっぱいある」

・・・・・・・・・・

と、よく話しました。

「その分からないことを感想に書くんだよ・・・」

と、言って、初めの感想に取り組ませました。

次の時間に、

「みんなの書いてくれた感想から、こんな問題が出されていたんだよ。これらの問題を解決すると、きっと白いぼうしというお話がよく分かってくるよ。」

と言って、①〜⑧の問題を書いた大きな紙を黒板に貼りました。

「え〜ぼくの問題が書いてある。」

「わたしのも・・・・。」

と、言って、ニコニコしている子どももいる反面、

「ああいうことを書けばいいのか。」とか、

「よくこういう問題を作れたねえ。」

とか言って、初めの感想の書き方を改めて学んだ子どももたくさん
いました。友達の出したものから、素直に学び合える子どもたちに
なっていて、うれしく思いました。

《子どもたちの感想から出てきた課題》

◎ ちょうは女の子だと思う（１２，３名）

◎ 「よかったね」「よかったよ」は誰が言ったの？（半数以上）

① 白いぼうしの中に松井さんはなぜ夏みかんを入れたの？（Y大）

② 女の子はだれ？（S，Y大，D地）

③ なぜ女の子は男の子が来た瞬間に急ぎ始めたの？（Y平，M憂）

④ おかっぱの女の子はいつタクシーに乗ったの？（A香）

⑤ 女の子はどこに消えたの？（H子）

⑥ 女の子はなぜバックミラーに写ってないの？（M乃）

⑦ 女の子はなんでお花やちょうがいるところで消えたの？（K）

⑧ なんで道路でちょうをたけおくんはつかまえたの？（K起）

　問題を書いた大きな紙を見ながら、

「◎はとっても多くの子が書いていた問題、そして②⑤⑥⑦⑧は①
③④をみんなで考え合っていくと、一人ひとりで考えが出てくると
思うから、みんなでは①③④を中心に考えていこうね」

と、言って、読み取りの授業に入りました。

《　実際の授業　》

①「白いぼうしの中に松井さんはなぜ夏みかんを入れたの？」
の授業

　　みんなで音読して、
「さあ、今日の問題。」
と、言うとすぐに、
「松井さんがやさしいからだよ。」
と、Ｋ信くんから出てきました。
「へえ、松井さんやさしいんだ。」
と、私が言うと、教科書から文をさがして口々に話し始めました。
　　そこで、
「そう、証拠があるの？　２段落から探して、その文に線を引いて
みて。」
と、言うと、ＩくんもＳくんもＥさんもすぐに取り組み始めました。
Ｙ太くんは「ここかな？」とか言って、私を呼んでいるようでした
が、近づかずに一人で取り組ませました。
　　３分位して、線を引いたところを言わせて、その理由も発表させ
ていきました。Ｍ子さんが、
「おふくろが送ってくれて、すごくうれしくて、ひとり占めできな
いくらいすごくいい色とにおいの大切な夏みかんだから、たけおく
んのすごいすごい大切なちょうの代わりに入れてあげたんだね。」
と、はっきりとしたいい声で言いました。すると、Ｋ平くんが、
「たけやまようちえんたけのたけおって書いてある大切なぼうしを
かぶせて置くくらい、このちょうはめずらしいっていうか、だい
じっていうか・・・。」

と。するとすぐに付け足すように、

「そうそう、大切なものを逃がしちゃったから、自分の大切なものを入れてあげたんだ。」

と、Ｍのさんがにこにこして言いました。

「松井さん、やさしい。」

と、Ｊくんがうなずくようにしながら言いました。

「たけおくんのちょうと、松井さんの夏みかん、同じだね。」

と、いつもは小さな声で話すＥ美さんの声が聞こえました。

「松井さんがぼうしの中に夏みかんを入れた理由、分かっちゃったね。今日、勉強したところを、一人ひとりが読んで、おしまいにしようね。」

③「なぜ女の子は男の子が来た瞬間に急ぎ始めたの？」の授業

　３段落に入るころには、クラス全体が、女の子＝ちょうということになっていました。しかし、念のために、

　「女の子＝ちょうって、みんなの発言を聞いているとなっているみたいだけど、女の子＝ちょうって分かるところに線を引けるかな。」

と、指示をしました。すると、前時よりもっと集中して、線を引き始めました。２分もすると、席の隣近所同士で交流をし始めているのです。そこでクラス全体で一応確認をして、

「今、みんなが出してくれた文のどの文が一番、女の子＝ちょうって分かるかな。」

と、言うと、教室がしばらくシーンとして、

「客席の女の子が、後ろから乗り出して、せかせかと言いました、

の文。」

と、Aささんがぶっきらぼうに言いました。

「私もいそいで言ったところだと思う。」

と、M乃さんが言いました。

「どうして？　どうして、せかせかと急いで言ったところだと思うの？」

と、尋ねると、

「だって、またつかまっちゃうと思ったから。」

と、K起くんが言いました。

「へえ、またつかまっちゃうの？」

「そう、今度はお母さんもいるし、虫取り網も持っているから、さっきよりつかまりやすい。」

と、K平くんが姿勢を直しながら言いました。H樹くんも、

「菜の花横丁っていうのも、四角い建物ばかりだもんっていうのも、ちゃんと言えてないけど、急いで言ったところが一番ちょうって分かる。つかまっちゃう、急いで急いでって感じで。」

と、少し早口で話しました。するとD貴くんが、

「どういうこと？」

と、言うと、

「菜の花横丁は本当は菜の花橋だし、四角い建物はビルでしょ、ちょうだから、ちゃんと言えないんだと思うけど、でも、急いで言ったところがせかせか言ったところが一番ちょうだと分かるなって思ったってこと。あわててせかせか言ったんだから。」

と、今度ははっきりとした声で堂々と話しました。

「つかれたような声なんだから、つかれてるんだから、つかまっ

ちゃうのがいやだから、早く行ってちょうだいってせかせか言った
んだと思うから、女の子はちょうだったってすごく分かる。」
と、Ｋ信が間違いないというように自信満々な顔をして言いました。
　そして、最後に、
「松井さんはあわててアクセルをふんだんだね、タクシーのスピー
ドはどうなのかな？」
と、たずねました。子どもたちは口々に「スピード出てる」とか
「速い」とか「ビュー」とかすぐに言いました。
「そう、スピード出てるんだ、どの文でそう思うの？」
と、聞きました。するとＤ貴くんが、
「やなぎのなみ木がみるみる後ろに流れていきますだから、さあっ
て木が後ろにどんどん流れていくんだから、流れていきます。」
と、答えました。それに間髪入れずにＡ香さんが、
「みるみるだよ〜。みるみるって速さが速くなっていく感じ。」
と、言いました。
「みるみるって、どういう時に使うかな？」・・・・シーン・・・・
「『Ｉ君！』と、いたずらしようとしていたＹ太くんが、大きな声で
呼ばれました。するとＹ太くんの顔がみるみる赤くなっていきまし
た、なんてね。」
「さあって赤くなっていくね。」と、Ｈ樹くん。
「そうだね。どんどんスピードが上がっていく感じ。」と、Ｍ子さん
も言いました。「みるみる」「みるみる変わる」「みるみる景色も変
わる」等と、子どもたちが反応したのでした。
「Ｙ平君やＭ憂ちゃんの問題はとっても大切なところを問題にして
くれたんだね。今日はこれでおしまい。」

④「おかっぱの女の子はいつタクシーに乗ったの？」の授業
　最後４段落を各自読み、指名読みした後に、
「ところで、おかっぱの女の子はいつタクシーに乗ったの？」
と、黒板に貼ってある問題をさしながら聞いてみました。するとＹ
平くんが、
「かたをすぼめて立っている時」
と、すぐに答えました。
「え、違うよ。石でつばをおさえている時だよ。」
と、言ったのはいつも友達の意見をじっと聞いていることの多いＴ
也くんでした。
「そうそう、松井さんが夏みかんを入れている間。」
と、多くの子どもたちが口々に話すのでした。わあ、この子たち、
ちゃんと文章が読めるようにもなっているし、文章を覚えられるよ
うにもなっていると思いました。
「えっ、どこだって？」
と、再度たずねると、何人もの子が、
「５７ページの・・・・・」
と、文章から考えのもとを言うのです。ちょっとうれしくなりまし
た。
「そうか、松井さんが大切な夏みかんをたけおくんの白いぼうしの
中に入れている間に、タクシーに乗ったんだね。で、どこで、消え
たの？」
「小さな団地の前の小さな野原で。」
「白いちょうが二十も三十も、もっと飛んでいる野原で。」
「クローバーとたんぽぽといっぱい咲いている野原で。」

と、次々に出てきました。
「そうね。ところで、よかったね、よかったよって誰が言っていると思う？」と、大勢が初めの感想で書いていた問題にふれました。
「女の子とおとうさんとおかあさん。」
「おかあさんが言って、女の子がこたえた。」
「親戚のおばさんと女の子のおかあさん。」
「女の子の友達と女の子。」
「女の子の友達と友達。」
　・・・・次々に自分の考えを発言しました。
「そうね、みんなにこにこと、柔らかい感じで言っているね。」・・・
「どうかな、白いぼうし、いいね。終わりにしようね。」

　授業が終わって休み時間になったとたん、R子さんが、
「お花が言ったんだよ。」
と、きっぱりと満足そうな顔をして言いに来ました。
「そうだね、R子ちゃんすご〜い。よく考えたね。」
授業がつまらなくなると、黒板横にある教師用の机でごしょごしょと磁石やらで遊んでいる5歳くらいの知能だと診断されているR子ちゃんが、ちゃんとクラスの一員として授業に参加して、自分の考えを伝えに来てくれたのでした。
　授業を重ねていくほどに友達の出した考えから素直に学び合える子どもたちになっていってうれしく思いました。この「白いぼうし」でクラス全体として伸びてきた読み取りの力を、「一つの花」でも学び合い、響き合いのある、読み深める授業がしたい、きっとできるだろうという予感がしてきました。

自主勉強の紹介コーナー

E美さん
みんなも得意な料理ができるといいですね。
E美さんのおいしそうな顔がいい‼
作ってみよう！

国語「一つの花」の授業

《「一つの花」で目指したいこと》
① 「白いぼうし」で子どもたちの問題から読み取っていったことを生かして、さらに深めたい。そのためにもしっかり音読すること、初めの感想を一人ひとりがはっきりと持ち、それを書き表すこと。
② 分からない言葉（語句）を自分の力で辞典を使って調べること。
③ 1場面ごとに読み取り、授業後の感想を記録させること。
と、しました。

　「一つの花」でも音読の練習はたくさんしました。家庭学習でも取り組ませましたし、朝の自習時間に友達同士で読みを聞き合ったり、長い休み時間や給食配膳中などに自信のある子から私に読みを聞かせに来たりと、授業に入る前からくり返し練習をしました。
　また、分からない言葉（語句）調べに3時間使いました。20語くらいをしっかり国語辞典や漢字辞典で調べている子がたくさんいて、語句を調べる度に何度も文章を読み返すことになるので、この物語を覚えている子も出てきました。

《語句調べ後の子どもたちの初めの感想》
・E美　「一つの花」を呼んで一番悲しい所は、「そんな時、お父さ

86

んは決まってゆみ子をめちゃくちゃ高い高いするのでした」の所で
す。なぜ悲しいかとは、ゆみ子のお父さんが体がじょうぶでないの
にみんなのために戦争に命がけで行くので、そこの絵や文がすごく
悲しく思ったんです。あと、一つだけのコスモスのお花をなんでお
父さんがゆみ子にあげたか、です。まちがっているかもしれないけ
ど、お父さんのこと忘れないでね、お父さんのおまもりをゆみ子に
あずかってもらっているのかなあ～と思いました。コスモスがおま
もりだよって思ってあげたのかなって思いました。「ちーちゃんの
かげおくり」と同じような感じがしました。いいお話です。

・A美　戦争のころのお話だということがＰ５に書いてあったので
「どんなお話かな～」と、思いました。Ｐ４～Ｐ１１のお話は意味
が分かったけど、Ｐ１２～Ｐ１３はよく意味が分からないところが
ありました。３年生の時「ちいちゃんのかげおくり」を勉強して、
４年生で「一つの花」を学習中で、どちらも戦争の話なので、何か
読むとさびしい気持ちがします。「一つだけちょうだい」とゆみ子
に言われて、食べる物がとっても少ないのに、自分の分からゆみ子
のお母さんがあげるので、とってもやさしいお母さんなんだなと思
いました。それにゆみ子だけでなくゆみ子のお母さんも他の人もみ
んなおなかをすかせていたと思います。前、敬老の日に手紙を書い
て、その返事を返してくれたおじいさんの手紙にも「戦争でいつも
おなかをすかせていました」と、書いてあったので、そう思ったの
です。でも、最後は戦争が終わってよかったです。

・Aさ　戦争の時は食べる物がなくて、おまんじゅうもキャラメル

もチョコレートもなくて、お米の代わりに配給されるおいもや豆や
かぼちゃしかないけど、少しでも食べる物があってよかったと思い
ました。てきの飛行機が飛んできてばくだんを落としても、ゆみ子
とお父さんとお母さんが助かってよかったと思いました。でも、ゆ
み子が最初に覚えた「一つだけちょうだい」という言葉がすごいと
思います。Ａさは最初に覚えた言葉は「マンマ」でした。Ａさより
ゆみ子が最初に覚えた言葉はすごいと思います。ばくだんを落とさ
れたとき、ゆみこは何才くらいだろう？　お母さんはゆみ子のため
に自分の分のおやつをあげたのがよかったと思います。なんでゆみ
子は知らないうちにお母さんの口ぐせを覚えたのかな？　ゆみ子は
お母さんの言葉を聞いていたら覚えたんだと思いました。何千回何
百回もお母さんは言ったと思います。なぜお父さんは決まってゆみ
こをめちゃくちゃに高い高いするのかは、お父さんがゆみこが大好
きだからめちゃくちゃに高い高いするんだと思います。

・Ｎな　まだ戦争のはげしかったころは、おまんじゅうだのキャラ
メルだのチョコレートだのそんな物がないなんて考えられませんで
した。今では当たり前のように売っているからです。毎日てきの飛
行機か飛んできて、ばくだんを落とされて、次々に町が焼かれてい
くなんてとってもかわいそうでした。お母さんがばんざいや軍歌の
声にあわせて、小さくばんざいしたり、歌を歌っている時の気持ち
がどんなきもちだったのかな、と思いました。お父さんがプラット
ホームのはしっぽのごみすて場のような所に、わすれられた様にさ
いていたコスモスの花を見つけた時、どうしてこれをゆみ子にあげ
ようとおもったのかな、と思いました。ゆみ子にお父さんが花をあ

げて、ゆみ子がキャッキャッと足をばたつかせて喜んで、お父さんはそれを見てにっこり笑って何も言わずに汽車に乗った時のお父さんの気持ちはどんな気持ちかな、と思いました。十年の年月が過ぎた時、ゆみ子がお父さんの顔を覚えていないことがとてもかわいそうだと思いました。ゆみ子のとんとんぶきの小さな家がコスモスの花でいっぱいになっているのは、たぶん戦争があったころ、ゆみ子がお父さんにもらったコスモスの花が思い出になったから、お母さんがいっぱいコスモスの花を植えたと思いました。

・｜海　毎日、てきの飛行機が飛んできて、ばくだんを落として町が次々に焼かれて灰になるなんていやです。「じゃあ、一つだけよ」と言って、自分の分を分けてくれるお母さんはやさしいなあ。自分のお父さんが戦争に行くことをゆみ子は分かっていたのかな？　私は分かっていなかったと思います。

　この５名以外の子どもたちは、箇条書きに疑問文のように、ノートに感想を書きだしていました。

《語句調べ後の感想の中で子どもたちから出された問題》
（１場面）
・ゆみ子は「一つだけ」の言葉をどうして覚えたのか。（お母さんがいつも言うから。お母さんの口ぐせだから・・・）
・お母さんはおなかすいてないの。（お母さんもすいている。お母さんの方がすいている・・・）
・いつも、ゆみ子はおなかをすかしていたのか。（すかしていたん

だと思う）

・なぜ口ぐせが「一つだけ」になったのか。（何百回、何千回と聞いたから）と、（　　　）のように自分の考えを書いている子も大勢いました。

（2場面）
・なんでお父さんはゆみ子をめちゃめちゃに高い高いしたのか。（かわいいから。ゆみ子が喜ぶから・・・・）
（3場面）
・いつ、ゆみ子はおにぎりが入っているのを知ったのか。
・ゆみ子はお父さんが戦争に行くのを知っていたの。（知らないんじゃないかな）
・ゆみ子はお父さんが戦争に行くのを分かっていなかったのではないか。
・なんで、泣き顔を見せたくなかったの。（かなしくなるから）
・お父さんが戦争に行くようになった時、お母さんとゆみ子はどんな気持ちだったのか。
・お母さんの見送りの時の気持ち。
・戦争に行く人はもう二度と会えないのになんでばんざいをするのだろう。
・なんで、だいじなおにぎりをゆみ子にあげちゃったのか。（泣き顔を見せたくなかったから）
（4場面）
・なぜお父さんはプラットホームのはしっぽにあったコスモスを選んだのか。

（他にはコスモスしかなくて、そこにあるのを見つけたから。パっ
て見たら、そこに咲いていたから）
・プラットホームのはしっこのゴミすてばのようなところに一輪の
コスモスが咲いていたのはすごい。
・どうしてコスモスをあげようとお父さんは思ったのか。
・なぜ一つだけのコスモスをゆみ子にお父さんはあげたのか。
（お父さんのことわすれないでね。お父さんのお守りだな）
・おとうさんはなぜ、だまって汽車に乗っていったのか。（言えな
かった）
・ゆみ子がコスモスの花をもらってキャッキャッと足をばたつかせ
て喜んでいる時のお父さんの気持ち（お父さんはさびしいけど、喜
んでくれてうれしいな）

（5場面）
・なんで、ゆみ子はお父さんのことを覚えてないのか。（ゆみ子が
小さかったから。すごく小さかった）

　この子どもたちから出された問題を整理してみると、この授業で
クラスみんなで考えたいと私が考えていた課題、
① お父さんがゆみ子をめちゃめちゃ高い高いする時のお父さんの
気持ち。
② お父さんがだまって汽車に乗って行った時のお父さんの気持ち。
を、問題として書いている子が多くいて、驚いてしまいました。こ
の子たちはこの物語を感じているな、と思いました。
　また「戦争のはげしかったころのことです」を、確認しておくこ

とが、全員が同じ土俵で考える基になるのではないかとも、思いました。1段落での「戦争の激しかったころのことです。」を具体的に知ること、戦争についてほとんど知らない子どもたちにとって、この段落で戦争の悲惨さやむなしさ等々を感じさせることが大切だと思いました。

　戦時下においては何もかもが自由にできない、思いはあるが実行に移せない、自分の思いとは全く逆のことをしなくてはならないことが当たり前のような社会の空気。そういう空気を感じることでお父さんやお母さんの気持ちを感じることができるのではないだろうかと、考えたからです。

《　実際の授業　》
　前記の5名の初めの感想を学級通信『きらきら』に載せ、1時間目に解決したい問題、
・ゆみ子は「一つだけ・・」の言葉をどうして覚えたのか？
・どうして「一つだけ・・」がお母さんの口ぐせになったのか？
・いつもゆみ子はおなかをすかせていたのか？
・どうしておまんじゅうだのキャラメルだのチョコレートだののお菓子はどこにもないの？
などの問題をみんなで考えて解決していきたいと思います。
と、感想の紹介に続けて書き、それを朝の会で読んで、「一つの花」の読み取り授業のある、一日が始まりました。

（1時間目）P4～P6ℓ3
　目標：戦争の激しかったころの様子を具体的に知る

全員が学習範囲を一人ひとりの速度で読む　→　指名読み（Ｔ樹くんを指名）

Ｔ樹　読む。

加藤　うん、いいねえ。落ち着いたいい読みだね。ゆみ子はいつもおなかをすかしていたのでしょうか。ご飯の時でも、おやつの時でもだね。いいねえ。

加藤　このお話、いつ頃の話？

（口々に）戦争の・・・・・（Ｍを指名）

Ｍ　　戦争のはげしかった頃の話。

加藤　戦争のはげしかった頃だね。（板書）

　　　もっと言える人いない？

Ｈ樹　７０年くらい前の話。

加藤　ふ〜ん、７０年くらい前は戦争してたの？　戦争はどうだったの？

Ｔ也　すご〜く戦争がはげしくなっていたの。１５年も戦争していたんだよ。

加藤　そうねえ、じゃあこの頃はその戦争の初め頃、終わり頃？

子たち　（困っている。ウウ〜ンなんて言っている子もいる）

加藤　そう、困っちゃうね。じゃあこの地図見てくれる。（世界地図を出して、太平洋戦争の戦場について話す。子ども達はシーンとしてよく聞く。聞きながら、このころはもう負けそうなんだ、終わり頃なんだと言っている。）

加藤　そうね、戦争はね、終わり頃なんだね。戦争が激しくなっていた頃なんだね。じゃあ、その証拠出してくれる？

H樹　敵の飛行機が飛んできた、それも毎日。

T亮　おやつどころではありませんでした。

T也　お米の代わりに配給される、配給されるっていうことはお店
　　　とかも灰になって、焼かれてしまって灰になってしまった店
　　　もあるということだから、欲しいものが食べれなくて、畑な
　　　んかもなかなか作れなくって、だからある物をみんなで分け
　　　合って食べていたってこと。

S　　町は次々に焼かれて灰になっていった。

加藤　そうだね（もっと戦争のはげしかった頃の様子が次々に出さ
　　　れると思っていたが、出てこなかったので）。教科書をもう
　　　１回読んで、戦争のはげしかった頃のことだと思うところに
　　　線を引いてみて。

（子どもたち、線を引いている。見て回ると、いつもおなかをすか
していたのでしょうかの所に線を引いていない子が１／３位いた。
２分位経って）

加藤　線を引いたところを教えて？

K信　おいもや豆やかぼちゃしかありませんでした。お米は食べれ
　　　なかった。

A美　おまんじゅうだの、キャラメルだの、チョコレートだの、そ
　　　んな物はどこへ行ってもありませんでした。

S　　いつもおなかをすかしていた、ってことは、配給されるおい
　　　もや豆やカボチャも少なかったってこと。畑も安心してやっ
　　　てられないから。

T也　畑も焼かれちゃったりするんじゃないのかな。

加藤　そう、もうない？

R　　ご飯の時でもおやつの時でももっともっとと言って、いくら
　　　でも欲しがるのでした。ゆみ子はおなかがいつもすいていた。

加藤　もういい？　じゃあ少し整理してみようか。まず、食べ物の
　　　話からね。おまんじゅうだの、キャラメルだの、チョコレー
　　　トだの、そんな物はどこに行ってもなかったんだね。そんな
　　　物ってどんなもの？

Aさ　おまんじゅうやキャラメルやチョコレートのような物ってこ
　　　と。

加藤　そうね。で、おまんじゅうやキャラメルやチョコレートのよ
　　　うな物って？

子たち　（口々に）お菓子。ご飯以外の物。おやつで食べる
　　　物・・・。

S　　あまいものだなあ～。

加藤　そうだね。おまんじゅうはなんとなんで作るの？

子たち　（口々に）あんこと皮、小豆と砂糖で・・・・

加藤　そうね。チョコレートは？

子たち　（口々に）ココアと砂糖、カカオと砂糖・・・・

Aさ　キャラメルも砂糖であまいの。

加藤　そういうあまいもの、今は当たり前に食べれる物。あまい食
　　　べ物はどこに行ってもありませんでした。

Y平　日本中どこに行ってもない。

M乃　お店に行っても買えないし・・・。

T也　お店焼かれちゃってるのもあるし・・・。

K起　お金もってても、買えない。どこに行っても、誰も買えない。

R　　砂糖を作る工場もなくなっているかもしれないし・・・焼か

れちゃって。

加藤　こういう物はどこに行ってもない（板書を指さしながら）。おやつどころではありませんでした。

Ｋ起　おやつもないけど、ご飯もない。

Ａさ　飲み物もない。

Ｈ樹　おやつどころではないんだから・・・

Ｍ憂　お米もない。

Ｄ貴　ご飯も食べられない。

加藤　そうねえ。お米どころのさわぎじゃないんだね。配給でもらえる物は？

子たち　（口々に）おいもや豆やかぼちゃしかない。

加藤　おいもや豆やかぼちゃはいっぱいあったのかな？

Ｈ樹　いつもおなかをすかしていたんだから、なかったんじゃない？

Ｋ起　敵の飛行機が飛んでくるんだから食べれなかったんじゃない？

Ｄ貴　焼かれちゃうんだから、食べ物もやかれちゃうから食べれない。

加藤　そうなんだよ。かぼちゃも豆もおいもも少なくてね、里芋の茎とかね、サツマイモの茎とかもね干したりして、それを汁に入れたりしてね、食べたんだよ。（え〜〜）

Ｈ樹　いもは誰が食べるの？

Ｋ起　えらい人。

子たち　（口々に）ええ〜敵？

Ｒ　　兵隊さんだ！

加藤　そうね。日本のために戦ってくれる兵隊さんが食べていたの
　　　かな。でも兵隊さんも痩せていたんだよ。だから、みんなは
　　　いもの茎なんかも食べたんだね。

M咲　みんなおなかすかせていたんだよ。

D貴　おいしいの？

加藤　どう思う？

D貴　まずそう。

加藤　味もなくてね、汁の味も薄くてね、だって味噌も醤油もない
　　　んだもの。おいしくなかったよね。それに敵の飛行機が毎日
　　　飛んできました。

子　　ばくだんを落としていきました。

子　　町は、次々に焼かれて、灰になっていきました。

加藤　そうね。どんなものが灰になっていったの？

Y大　先生！　どうしてばくだんを落とされて、灰になるの？

Y平　火の海になって焼かれていった。

加藤　そうね。でもなんで火の海になるの？

T也　火がつくばくだんを落とされるから。

加藤　そうね、落とされるばくだんが焼夷弾と言ってね、バーンと
　　　爆発すると火がつくようなばくだんだったんだよ。

子　　3年のとき国語で・・・

加藤　で、どんなものが焼かれていくの？

T也　木のもの、家とか。

Aさ　お店。

K起　人。

子たち　（口々に）町に立っている木。飼っていた犬。洋服。布団。

97

　　　　食べ物。たたみ。くつ。写真。・・・・

M乃　　ぜ〜んぶ。

加藤　　ゆみ子たちはどんな気持ちで生活していたかな？　あ、ゆみ
　　　　子は分かんないかもしれないね、小さいから。お母さんたち
　　　　はどうかねえ。

S　　　敵の飛行機が来て、いつ焼かれるかすごく心配。

T也　　家が焼かれたらどうしよう。

H樹　　不安。

加藤　　さあ、さっきK信くんが言ってたけど、ゆみ子はおなかをす
　　　　かせていたの？　教科書にはなんて書いてある？

子　　　ゆみ子はおなかをすかせていたのでしょうか。

Aさ　　聞いている。

加藤　　聞いているね、それで答えは？

子たち　すいている。すごくすいている。

加藤　　証拠は？

I海　　ご飯の時でもおやつの時でも、もっともっとと言って、いく
　　　　らでもほしがるのでした。

Y平　　おやつどころでないのに、ゆみ子、おやつ食べてんの？

　　　（うん？　えっ？　の声）

加藤　　おやつどころでないって書いてあったのに、ゆみ子はおやつ
　　　　食べているみたいね。どうしてかな？

　　　（黙って、考えている）

加藤　　K起くん、君の弟のあゆちゃんは、今、いくつ？

K起　　まだゼロ歳。

加藤　　何回ぐらいご飯食べてる？

K起　（指を折って数えて）7, 8回くらい。

加藤　みんなは体がしっかりしているから、3度のご飯をしっかり
　　　食べれば成長できるけど、まだ、小さい子は体が小さいから
　　　一度にたくさん食べれないから一日に7回も8回にも分けて
　　　ご飯を食べるんだよ。おやつもご飯みたいに大切なんだよ。
　　　Aゆちゃんは歩いてる？

K起　まだ、はいはい。

M　　この絵、ゆみ子テーブル持って立ってる。

加藤　そうね、ゆみ子は何歳ぐらいかね？

　　　（1歳、1歳半、3歳じゃない・・・）

加藤　そんな小さなゆみ子がお母さんの口ぐせを覚えちゃったんだ
　　　ね。「一つだけ」「一つだけ」ってね。ゆみ子はどういう風に
　　　覚えたの？

　　　（何回も何回も聞いて・・・いろいろ話し出す）

M子　知らず知らずに。もっともっとって言うと、一つだけよ、ま
　　　た言うと一つだけよって、言うから、お母さんが。だから知
　　　らないうちに覚えた。

加藤　そうね。知らないうちに覚えたんだね。何回くらい聞いたの
　　　かね。

子たち　（口々に）何回も何回も。何百回も。毎日毎日。食べるた
　　　んびに・・・・。

加藤　そうね、お母さんは一つだけよって自分の分から一つ分けて
　　　あげるんだよね。お母さんどう思ってるだろうね。

E美　ほんとはお母さんもおなかすいてるんだけど、ゆみ子のこと
　　　が大好きで大切だからあげていると思う。ゆみ子が大事だか

ら、お母さんの分からあげてる。

加藤　自分の分からあげているのは、いやなの？　いやじゃない
　　　の？

H樹　自分もおなかすいてるけど、ゆみ子のことが大切だからいや
　　　じゃない。

S　　ゆみ子がかわいそうでたまらない。

T也　ゆみ子がかわいくてかわいくて、だからあげるんだけど、か
　　　わいそうって思ってる。

R　　悲しいって思ってる。

加藤　そうね。じゃあ今日勉強したことで思ったことや分かったこ
　　　となんかをノートに書いてみて。

《授業後の子どもたちのノートから・5分使って》

・M乃　配給される物はもっと多いと思ったけど、配給される物は
思っていたより少なかった。わたしはゆみ子やゆみ子のお母さんや
ゆみ子のお父さんがすごくかわいそうになりました。ふとんやつく
えが焼かれてしまうかもしれないなんて、わたしはスッゴクかわい
そうになりました。

・K平　戦争がはげしくて食べる物もなくて、すごい勢いで家が焼
かれていきました。木やふとん、着る服とかも燃やされていきます。
ゆみ子はお母さんの口ぐせを覚えてしまって、「ひとつだけ一つだ
け」と言って、お母さんから一つだけもらいました。

・R　　「一つの花」は戦争のはげしいころの話で、すごく悲しい
話です。「もっともっと」と言っているから少しはおやつを食べて
いるかと思ったら、食べてなかったんだと思った。

・N美　ゆみ子とゆみ子のお母さんは、食べる物が今とちがって、配給されるおいもや豆やかぼちゃしかないのがかわいそうです。お父さんも戦争にはいきたくなかったと思います。

・D地　ぼくはゆみ子は病気にならないのかな、もしなったとしてもどうやって治すんだろうと、思っています。食べ物も少なかったし、あんまり栄ようがなさそうだから病気になりやすそうだから、そう思いました。かわいそうだとお母さんと同じように思いました。

・M憂　最初はお母さんがゆみ子に自分の分のご飯とかをあげて、いやじゃないのかなあと、思っていたけど、お母さんはゆみ子にどんどん育ってほしいから、少しもあげることはいやじゃないことが分かってすっきりしました。

・A紗　おいもの葉っぱの下の部分のくきとかをいつもにて食べたりしているっていうのを初めて知って、自分の分から一つ分けてあげたいなあって思っていたと思います。いつもおなかをすかしていても、豆とかしか食べられないってことを知って、すごくかわいそうだなあッと思いました。

　学級通信『きらきら』に１時間目の感想を載せ、それを次の日の朝の会で読んで、「今日の国語の読み取りも、たくさん考えてね。」と話しました。

（２時間目）Ｐ６ℓ４～Ｐ７ℓ２
　目標：めちゃめちゃに高い高いするお父さんの気持ちを感じる

加藤　さて、昨日勉強したところをＹ平君読んでください。（落ち

101

着いたいい読みをする）はい、落ち着いたとてもいい読み
だったね。じゃあ今日の範囲をみんなで読もう。ここはね、
どうしてお父さんはめちゃめちゃ高い高いをするのかって、
一番多くの人が問題を書いているところなんだよ。お父さん
の気持ちを考えながら読んでくださいね。（一人ひとり読む）
はい、一人ひとり良い読みをしている。M乃ちゃん読んでみ
てください。

（M乃、しっとりと読む。）

加藤　そうね。いい読みだね。さあこのお話はいつ頃のお話だった
　　　けね。

K起　戦争のはげしかった頃の話。

子　　戦争に負けそうな頃の話。

加藤　戦争のはげしかった頃だから、どんな生活をしていた？

H樹　町は次々に焼かれて、灰になってなくなってしまった。毎日
　　　てきの飛行機が飛んできた。

I海　配給される物ばかりで、おなかいっぱい食べられなかった。

S　　おまんじゅうだのキャラメルだのチョコレートだのどこへ
　　　行っても食べられなかった。

M　　配給される物も少なくておなかがすいている。

K起　いつもおなかいっぱい食べれなかったの。いつもおなかをす
　　　かしていた。

加藤　そうね、誰がおなかをすかしていたの？

子たち　（口々に）ゆみ子。それからお父さん。お母さん。みんな。

加藤　そうだね、みんなおなかをすかしていたんだね。そんな時ゆ
　　　み子はどうしたの？

M　　もっともっとっと言ってたの。

Aさ　それでお母さんは、一つだけよっていつも答えた。

加藤　そうね。一つだけよっていつも言って自分の分から一つ分け
　　　てあげていたんだね。いつもいつも分けてあげられたのか
　　　な？

Aさ　いつもはできなかったと思う。一つだけあげるって言っても、
　　　お母さんの分があったらあげられるけど、お母さんの分がな
　　　いこともあったと思うから、いつもあげたいと思っても、あ
　　　げられないこともあった。

加藤　そうか、いつもあげたいと思うけど、お母さんは配給が少な
　　　くて、自分は食べないで、ゆみ子だけに食べさせたことも
　　　あったかもしれないね。一つだけって言ってあげたくても、
　　　それもできないことがあったのかも知れないって言うのね。
　　　で、分けてあげられるときは、分けてあげたんだね。それは
　　　どうして？

Aさ　わがままじゃ絶対なかった。

加藤　わがままだった？

子　　ううん、わがままなんかじゃないよ。

H樹　ゆみ子、こんな時に生まれてきてしまってかわいそう、って
　　　思ってた。

A美　ゆみ子、大きくなっておくれ、って思ってる。

M子　なんてかわいそうな子でしょうね、って思ってる。

加藤　何がかわいそうなの？

S　　食べ物がないこと。

H樹　一つだけちょうだいっていいと思っていることがかわいそう。

R　　自分の口ぐせを覚えちゃったことがかわいそう。

S　　お父さんが戦争に行っちゃうかもしれないからかわいそう。

M　　赤紙がいつ来るか分からないもん。

S　　この子、生きていけるかな？

Aさ　大人になったらどんな子になるんだろう。

J也　お母さんは何かしてあげたいんだけど、何もしてあげられなくて・・・

加藤　お母さん何もしてあげられないんだねえ。ゆみ子、ごめんね、お母さん、もっと食べさせてあげたいと思うんだけど、なにもしてあげられなくて。
　　　ほんとにおなかいっぱい食べさせてあげられないのよ。本当にかわいそうだね。

A美　自分の口ぐせを覚えちゃったこともかわいそう。一つだけっていうのが初めて覚えた言葉だっていうのがかわいそう。

加藤　うん、マンマとかパパとか、ママとかブーブーとかそういう言葉じゃなくて、一つだけっていうお母さんの口ぐせが初めて覚えたことばだったっていうのもかわいそうだったんだね。
　　　じゃあ、お父さんはどうなの？

子たち　（口々に）お父さんは高い高いをしてあげるの。高い高い・・・。何も言わなくて、高い高いするだけ。何も言えないんだよ。高い高い・・・

T也　めちゃめちゃに高い高いする。

加藤　それだけ？

Y平　深いため息をついている。

加藤　そうだね、そんな高い高いや、深いため息をつくのはどんな

時？

Aさ　お母さんが、なんてかわいそうな子でしょうねえって言っている時、いつも。

Y汰　ゆみ子が一つだけちょうだいって言った時。

Aさ　お母さんが一つだけちょうだいと言えば、何でももらえると思っているのね、って悲しがっている時。

加藤　この子はなんでかわいそうな子でしょうね、食べ物がなくて、大きく育ってくれるかしら、育つどころか、これから生きていけるのかしら、大人になっていけるのかしら、一つだけという口ぐせ覚えちゃって、こんな言葉覚えなくたっていいのに、一つだけ一つだけって言ったって、私は何にもしてあげられない、ってお母さんが悲しく思っている時、言っている時に、お父さんも・・・（と言いかけると）

T也　決まって高い高いした。

加藤　そうね、そんなとき決まって、だものね。そんなときだものね。お母さんがかわいそうで悲しくて話してしまうと決まってだね。決まってめちゃくちゃに高い高いするのでした。お父さんどうしてめちゃくちゃに高い高いするのかなあ？

R亮　ため息をついてから、高い高いをしている。

加藤　そうね。ため息をついているんだね。ため息ってどんな時につくの？

K起　うんざりした時。

Aさ　ずーと座っている時。

S　ずっと待っている時、待ち時間なんか。

Y汰　がっかりしている時。

Nな　違う違う、困っている時。

J也　考え事をしている時。

S　つらい時。

加藤　何を考えてるんだろう、何がつらいんだろう。

M　めんどくさい時。

子たち　（口々に）ううん、めんどくさくなんかない、めどくさい
　　　　なんて・・・・

M　かわいそうな時。

Y平　つらい時。

J也　苦しい時。

加藤　そうね、苦しくて、つらくて、困っていて、・・・・なんでお
　　　父さん深いため息をついて、めちゃくちゃに高い高いするの
　　　かねえ。

T樹　つらくて、かわいそうでつらくて高い高いするんだと思う。

T也　ゆみ子がかわいそうだから、かわいそうで高い高いするんだ
　　　と思う。

K信　山ほどちょうだいって、両手を出すことを知らないって、
　　　いっぱいもらえることを知らないってことでしょ。そういう
　　　ことがすごくかわいそうで心配で高い高いするんだと思う。

K起　喜びをもらえないなんて、なんか悲しい。

加藤　そうね、そんな時にめちゃくちゃに高い高いするんだねえ。

T隼　お母さんが何もできないのと同じで、おとうさんも何もして
　　　あげられない。

加藤　ああ、お父さんも何もしてあげられないんだね。

A美　お父さん、悲しい。大好きなゆみ子に何もしてあげられない

　　　　　なんて、くやしい。
　M乃　ゆみ子のこと、守ってやれないなんて、悲しい。
　J隼　そうか、喜ばしたいんだ、ゆみ子のことを。
　T樹　そうだよ。喜ばしてあげたいから、高い高いしたんだ。
　加藤　え、なに？
　E美　喜ばしてやりたいから高い高いしたの。
　Aさ　高い高いしかしてあげられなかったんだよ。
　加藤　そうだね。ゆみ子はそうしてもらうとどうかな？
　子たち　喜んだと思うよ。喜んだよ。キャッキャって言ったよ。
　加藤　そうだね。じゃあ、今日の授業で感じたことや分かったこと
　　　　なんかを、また書いてください。

《授業後の子どもたちのノートから・５分使って》
・H樹　お母さんはゆみ子のことをとてもかわいそうだなっと思っ
ている。お父さんはゆみ子にちょっとでも笑ってほしいと思ってい
る。ゆみ子になんもしてあげられなくて、かわいそうだなと悲しく
なっている。
・D貴　お父さんがめちゃくちゃ高い高いするかは、ゆみ子に何に
もやってやれないからです。そういう気持ちで高い高いするお父さ
んがかわいそうだと思いました。
・Nな　ゆみ子、お母さん、お父さん、その三人家族がとてもかわ
いそうでした。お父さんがゆみ子をめちゃくちゃに高い高いして、
ちょっとだけお父さんは笑っているけど、本当は泣きたい気持ち
だったんだと思います。お母さんが「なんてかわいそうな子でしょ
うね。」と、言っている気持ちは「もう生きていけないのかな」「ゆ

み子は無事に育つかな」と、思っているかもしれないと思いました。

・Ａ美　お母さんはゆみ子が「もっともっと」と言っても少ししか
あげられない、なにもできないけど、ゆみ子をすっごく大事にして
いる。でも、おとうさんもお母さんに負けないくらいゆみ子を大事
にしていて、何もできないけど少しでもゆみ子を喜ばせようとして
いたのだと思います。

・Ｔ也　ゆみ子のお父さんとお母さんがすごくゆみ子に食べ物をあ
げたりすることを苦労していると思った。高い高いしているのは、
ゆみ子を喜ばすことがそれしかなかったからです。

・Ｄ地　ぼくはお母さんはゆみ子をもっと育ててあげて、いい大人
にしてあげたいと思っている。（できるのかなあって不安）お父さ
んはいろんな所に連れて行ったりして、ゆみ子を喜ばせてあげよう
と思っているけど、何もしてあげられないから、ゆみ子をめちゃく
ちゃに高い高いして少しでも喜ばそうとしているんだなあと、思っ
た。

・Ａ紗　いつもおなかをすかしているゆみ子をかわいそうだなと
思った。お母さんもお父さんもかわいそうだと思っている。でも、
お母さんとお父さんはなんにもしてあげられなくてかわいそうだな
あ～と私は思った。お父さんとお母さんはゆみ子に何もできないか
ら、少しでも喜ばせたいと思っている。お父さんは何もできなくて
くやしいって思っていると思います。（お母さんも同じ気持ち）

・Ａ香　お母さんが「かわいそう」ということには、いろいろな意
味があるということが、みんなと勉強してわかった。お父さんがめ
ちゃくちゃに高い高いをするのはゆみ子をせめて笑わせたいという
ことが分かった。

・M憂　お父さんお母さんはゆみ子にもっともっとぶじに育ってほしくて、喜んでほしくて笑ってほしいと思っている。何もしてあげられない、苦しくてため息をついて、ゆみ子をめちゃくちゃに高い高いをするお父さんは本当に苦しかったと思う。

・Y平　お父さん、お母さんは何もしてやれないけど、ゆみ子を笑わせたくて、お父さんは少しだけでも笑ってほしいからめちゃくちゃに高い高いしてゆみ子をあやしているのが分かった。お母さん、お父さんが何もしてあげられないのがかわいそうだと思った。

・M咲　ゆみ子のお父さんはやさしくて、何かして笑わせてあげたいなあと思って、めちゃくちゃに高い高いをしてあげて、喜んでくれて、お父さんはうれしかったんだと思う。ゆみ子の「一つだけ」や「もっともっと」という言葉はわがままで言っているのではなくて、配給される物しかないから、配給される物でも足りないから言っている。

・N美　ゆみ子もかわいそうだけど、お母さんとお父さんもかわいそう。ゆみ子もお母さんもおなかをすかしているのに、ゆみ子にお母さんが一つだけ、と言って分けてあげる。少しだけでも喜ばせようと、めちゃくちゃに高い高いをしているお父さん。かわいそう。大きくなれよって、高い高いしていると思う。

（3時間目）P7ℓ3〜P9後ろからℓ2）
　目標：出征の日のお父さんとお母さんの気持ちとゆみ子の様子を想像する。

M咲　（前時の2段落を読む。）

109

加藤　そうね、とっても落ち着いて読めたね。じゃあ今日の所を一人ひとり読んでみよう。（個々人で読む→A美、指名読み）

加藤　しっかり読めたね。はっきり景色が頭に描けたね。D貴くん、もう一回読んでください。（D貴、指名読み）

加藤　うん、上手くなったね！　すごい！
　　　あまり丈夫でないお父さんも戦争に行かなければならなくなったんだね。これは、どういうこと。

H樹　元気な人たちがもういなくなったってこと。戦争に行った兵隊さんが足りなくなったってこと。

加藤　ああ、兵隊さんが足りなくなっちゃたんだね。

K起　戦争に行った人たちがみんな死んじゃったってこと。

Aさ　戦争がますます激しくなってきたってこと。

加藤　ああ、戦争がもっともっと激しくなってきたんだね。ああ、よく読めているね。じゃあ、この場面はどういう場面なの？

A美　見送りに行く場面。

加藤　そうね、戦争に行くお父さんを見送りに行く場面だね。見送りに行くんだよ・・・・。

S　　お父さんともう会えなくなる。

H樹　死ななかったら会えるかもしれないけど、会えない可能性の方がすごく高い。

M　　ええ！　そう会えないんだよ。体が丈夫でないんだから。

J也　一生の別れの見送りの場面。

加藤　そうだね。あまり丈夫でないお父さんも戦争に行かなければならない日がやって来ました。ゆみ子とお母さん、また、お父さんに会えるの？

子達　ううん、もう会えない。

加藤　そうね。もう会えないんだね。どんな別れなの？

S　　さいごの別れ。（さいごとかなで板書）

M乃　さいごってもう漢字習ったよ。

加藤　そうかあ、習ったかあ、こういう字書くんだよ。（最期と板
　　　書）

子達　（口々に）え、違うよ。後ろっていう・・。後っていう
　　　字・・・。

　　　ええ、それでさいご？

加藤　そうだね、みんなの知っているさいごは最後だね。でもね、
　　　もうあえない、死ぬときのさいごは最期って書くんだよ。だ
　　　からこの字（最期を指さしながら）って一人の人生で何回使
　　　えるの？

子達　・・・・・・一回、一回・・・・・

加藤　そうね、一回しか使えないんだね。

K起　お父さんが生きて帰ってこれたら奇跡だね。

加藤　さあ、そのお父さんが戦争に行く日、どこまで見送りに行っ
　　　たの？

Aさ　遠い駅。

E美　遠い汽車の駅。

加藤　どんな格好をして？

I海　ゆみ子は防空頭巾をかぶって行った。

H樹　お父さんは兵隊さんのかっこうをして。

J也　ゆみ子は負ぶわれて行った。

加藤　そうね、負ぶわれて行ったんだね。

H樹　お母さんは防空頭巾はかぶってない。

加藤　ああ、お母さんは防空頭巾をかぶってないね。

T隼　肩にかばんかけて行っている。

加藤　そうね、かばんの中には何が入っていたの。

Nな　包帯、お薬、配給のきっぷにおにぎり。

Aさ　おじぎり。

T樹　何個持って行ったのかな？

加藤　あっ、言われちゃった。大事な大事なお米で作った

子たち　（口々に）おじぎり、おにぎり。

加藤　そうだね。包帯は何のために持っていくの。

子たち　けがしたら、血を止めるため。

加藤　お薬は？

子たち　けがにぬるため。おなかが痛くなった時に飲む。熱が出た
　　　　時のため。・・・・

加藤　ね、じゃあ配給のきっぷは？

Aさ　食べ物がなくなった時に、おいもとかにかえてもらうため。

加藤　そうねえ、たべものに換えてもらうためのきっぷ。お家に大
　　　　切にしまってくればいいじゃない。

M　　お父さんが戦争に行く時に、食べ物を持って行くから、持っ
　　　　てきたんじゃない？

加藤　お父さんのために持ってきたの？

A美　見送りの間にゆみ子の家の方にばくだん落とされたら、家が
　　　　焼けちゃうから、いつも持っていたんじゃないかと思います。

加藤　おうちが焼けたら、おうちが焼けたりしたら、配給のきっぷ
　　　　も焼けちゃうものねえ。

Aさ　そしたら、食べ物がもらえない。

T也　焼かれたら困る。

T樹　防空頭巾かぶって行くんだから、けっこうあぶない。

S　　敵の飛行機は前よりたくさん飛んで来てるかも。毎日、飛ん
　　　で来てる。

加藤　夜も、朝早くも飛んで来るようになってきたのかもしれない
　　　ね。

子　　しょっちゅうばくだん落とされたかもしれない。

子　　昼にも、夜にも来たかもしれない。

加藤　そうね、だから、安心しておうちに大切な配給のきっぷを置
　　　いておけなかったから、いつも身につけていたんだね。そし
　　　て、包帯もお薬もね。そして、それと大事な大事なお米で
　　　作ったおにぎりが入っていたのね。そう、さっきT樹くんが
　　　言ってた、おにぎりいくつ入っていたの？

Y平　一つ。

　　　（一つってことはないでしょ、の声。）

T樹　二つか三つ。

R　　四つ。

Y平　お米がないんだから、一つだと思う。

加藤　お米は本当にないんだものね。大事な大事なお米だものね。

子　　五つ。

　　　（それはないでしょ。多過ぎ、の声）

T也　五つは作れないと思う。どうしてかというと、お米は本当に
　　　ないんだから、五つも作れないと思うし、ゆみ子が全部食べ
　　　ちゃうんでしょ、小さなゆみ子は五つも食べれないと思うか

113

ら。

Ａさ　ゆみ子、小ちゃいんだから、五つはいくらおなかすいていて
　　　も食べれないよ。

Ｍ　　一個のおにぎりが小さかったら？

Ｅ美　お父さんのために作ったんだから、小さくはないと思うよ。

Ｙ平　一つ。

加藤　どうして。

Ｙ平　ゆみ子が一つだけ、一つだけって言ってもらって食べちゃっ
　　　たから。

Ｈ樹　お母さんが全部食べちゃったって言ってるから、一つってこ
　　　とはない。一つだったら全部っては言わないから。

Ｙ平　そっかあ。

Ｓ　　四つとか五つとかいうこともないと思う。だって、本当に畑
　　　とかもばくだんでやられちゃって、お米がないんだから。

加藤　お米がないからねえ。じゃあ、五つと一つを消してもいい。
　　　（いいよ）
　　　二つか三つかのおにぎりを、大事なお米でつくったおにぎり、
　　　お母さん、どんな気持ちで作ったのかな？

Ｔ樹　かなしい気持ちで作って、お父さんのために作った。

子　　ゆみ子のために作ったんじゃない。

Ｓ　　ゆみ子がちょうだいって言ったらお父さんが食べれないから、
　　　三つぐらい作った。

加藤　ああ、やっぱりお父さんのために作ったのね。

Ｔ隼　お母さん、かなしい気持ちで食べれないんじゃない。さいご
　　　にお父さん、ゆみ子、お母さんで食べようって思ってたんだ

114

　　　けど、お母さんはかなしくて食べれないんだよ。

加藤　お父さんのためだけじゃなくて、お別れのために三人のため
　　　に作ったんだよっていうのね。（うん）

Ａさ　おにぎり三つでもさ、かなしくて食べれないから、ゆみ子に
　　　あげたんだよ。

加藤　はあ、そうかあ、じゃあゆみ子はちゃんとおにぎりのこと
　　　ちゃんと知ってたの？　Ｙ汰くんがね、いつからおにぎりが
　　　あることをゆみ子は知ってたの？　って、問題で出している
　　　んだけど、いつから知っていたのかね。

Ａさ　お父さんが戦争に行く日から、行く朝から知ってたの。

子　　朝から知ってた。

Ｊ也　ご飯を炊くにおいで、分かったんだと思う。

加藤　ああ、いいにおいがするものね。かぼちゃのにおいじゃない
　　　よ、おいもでもないぞって、ちゃんとお米を炊いているいい
　　　においで朝早くから知っていたというのね。だから、ゆみ子
　　　はなんて言ったんだっけ。

子　　一つだけちょうだい、おじぎり・・・

加藤　そうね、お母さんはゆみ子にみんなあげちゃったんだね。な
　　　んでみんなあげちゃったの。

Ｍ子　戦争に行くおとうさんに、ゆみ子の泣き顔見せたくなかった
　　　から。

Ｒ郎　お父さんは一つだけちょうだいって言うゆみ子のことを心配
　　　してたから。

Ｔ也　お父さんがゆみ子に会えるのが最後だから、泣き顔が最後
　　　じゃいやだから。

Y平　心配しているのに最後が泣き顔じゃだめだから。

T樹　最期のお別れの時に泣き顔じゃ困るから。お父さん心配しちゃうから。で、悲しくなっちゃうから。

加藤　そうだねえ。ゆみ子とお母さんの見送りと他の人の見送りは同じ？

子たち　違う！（きっぱりと、ほぼ全員がそろって言う。）

加藤　他の人はどうやって見送っているの。

E司　ばんざいの声でおくったり、勇ましい軍歌を歌ったりしているのが聞こえてる。

加藤　そうだね、どうして戦争に行く人をばんざいって送っているのかな。

H樹　おばあちゃんに聞いたんだけど、いやな気持ちで戦争に行かないようにしたんだよ。

K起　大きな声で励ましている。

M　戦争に行けたから、って・・・・

加藤　そう、Mくんが今言ったみたいにね、このころは戦争に君、行くことになりましたよ、って言われたらね、ありがとうございますって答えたんだよ。（ええ～）日本の国のために働けて、ありがとうございます。おめでとうございます、って言ったんだよ。

子　赤紙が来るんだよ。召集令状って言うんだよ。

子　ええ～どうして～

加藤　だから、ばんざい、国のために働いて来いよ。元気でいってこいよって言って、ばんざいってしたんだよ。

子　でも、悲しいよ。

Y平　でも、絶対悲しいよ。

加藤　そうだよね、悲しかったよね。じゃあゆみ子のお父さんはどうやって見送られていた？

J也　小さくばんざいをしたりしてた。

加藤　そうね。誰がばんざいしているの。

D貴　お父さん。

加藤　そうね。お父さんがばんざいをしてるんだよ。

T也　ゆみ子を抱いて、小さくばんざいしたり、軍歌に合わせて歌を歌ったりしていた。

Aさ　戦争に行く人ではないかのように見えた。

加藤　そうね、どうして戦争に行く人ではないかのように見えたのかなあ。

M乃　プラットホームの端の方でゆみ子を抱いて、ばんざいや軍歌を歌ったりしてるから。

加藤　そうね、他の人は自分の家の近所の人や親戚の人たちもみんなプラットホームにまで来て、ばんざい、がんばって来いよ、元気よく軍歌を歌ったりして見送っているんだね。軍歌って調べた人いっぱいいたでしょ。どういうのを軍歌っていうの

T也　兵士や軍隊が戦うための気持ちを高めるための歌。

加藤　高めるるんだね。戦うぞ、がんばるぞ、ってね。親戚の人や近所の人が集まって、旗まで持って見送るんだよ。お父さんの見送りは誰？

K起　お母さんとゆみ子。

T隼　他の人も本当はばんざいして、泣き顔見せないためにしてるんだと思う。

加藤　そうね。時間になっちゃたね、最後に聞きたいんだけど、ゆみ子はお父さんが戦争に行くこと知っていたの？

子たち　（口々に）知らなかった。

加藤　きっと、知らなかったね。まわりのばんざいや軍歌に合わせて歌っているお父さんの気持ちはどんなだったんだろうね。今日の授業の感想書いてね。

（授業後の子どもたちのノートから）休み時間になってしまっていて。終わった子から解散ということにしました。

・T隼　みんながばんざいしているのは、たぶんみんなが戦争に行く人に泣いた顔を見てほしくないからだと分かりました。ぼくはみんなが勇気を出して戦争に行くのがとても感動しました。

・H樹　ゆみ子はお父さんが戦争に行くことを知らなかったから「ひとつだけちょうだい、おじぎり」と、言ったのだと思う。

・Nな　あまりじょうぶでないお父さんなのに、戦争にいかなきゃいけないのはかわいそうだな、と思ったけど、「あなたは戦争に行ってください」と言われて、「ありがとうございます」と答えるのは、もっとかわいそうだと思いました。ゆみ子がおにぎりを3個全部食べてしまったのは、いつもおなかをすかしていたからだと思います。

・D貴　ゆみ子のお父さんはすごくかなしいと思います。それはゆみ子にもゆみ子のお母さんにも二度とあえないからです。ゆみ子のお母さんもかなしいと思います。ゆみ子はお父さんが戦争に行くって知っていたのかな？　ぼくは知らなかったと思います。

・D地　ぼくはお父さんの気持ちが分かるような気がします。大事

なゆみ子とわかれたくないと思っていて、戦争なんかぜったい行き
たくないと思っていると思います。

・T樹　お母さんは戦争に行くお父さんに、ゆみ子の泣き顔を見せ
たくなかったから、おにぎりをゆみ子に全部あげて、笑い顔だけ見
て行ってほしいと思ったと思います。すごく感動する話だと思いま
す。

・J太　ゆみ子はお父さんが戦争に行くとは知らなかったから、
「一つだけちょうだいおにぎり、一つだけちょうだい」と、言った
んだと思います。

・K信　お父さんたち以外の人たちの兵隊さんになる人たちが大き
くばんざいや軍歌を歌っているけど、本当はかなしんだと思った。

・Y平　お母さんはお父さんが戦争に行くために見送りに行って、
ついて行ったゆみ子はぜんぜん知らないのが、なんか二人ともすご
くかわいそう。

・Y大　お父さんは本当は戦争なんかに行きたくないのに行く。お
父さんはえらい、そしてつらいと思う。（他の戦争に行く人も同じ
だけど）

・A紗　そのとき、お母さんとお父さんはもうかなしくてしょうが
なかったけど、泣くのをガマンしていたと思う。「一つだけちょう
だい」って、ゆみ子が言うのが始まったとき、もしだめって言った
ら、ゆみ子が泣いちゃってお父さんになみだを見せたくなかったか
ら、おにぎりを全部あげちゃったのだと思う。

（4時間目）P9後ろから ℓ1～P11
　目標：何も言わずに汽車に乗って行ったお父さんの気持ちを想像

する。

（個人読み、指名読みをして）

加藤　ところが、いよいよ汽車が入ってくる時ってあるよね。いよ
　　　いよってどういうこと？

Y平　とうとうってこと。

H樹　別れの時がとうとう来てしまったということ。

加藤　別れの時が来てしまったてことね。

K起　小さくばんざいしたり、軍歌を歌ったりして、待っていたの
　　　がとうとう来てしまった。

I海　戦争に行く人でないかのように待っていた時に、戦争に行く
　　　汽車が来た。

子　　いよいよその時が来た。

加藤　その時って？

Y平　汽車が入って来る時になって、・・・・・

M乃　ゆみ子とお母さんとお父さんが分かれる時。

R郎　来てほしくない時が来た。

加藤　そうだね。そういう時になってゆみ子の・・・

子たち　（口々に）一つだけちょうだい。一つだけちょうだいが始
　　　まった。

E美　お父さんは「みんなおやりよ。かあさん、おにぎりを」って、
　　　言った。

加藤　そうだね。で、そこに、みんなおやりよ。かあさん、おにぎ
　　　りを──って線、ダッシュが引いてあるね。そこのダッシュ
　　　のところで、お父さんなんて言ったんだろうね。そこに書い

てみてよ。

（子どもたち、書く）

加藤 Aさちゃん、いいねえ。「お父さんは、いいから、全部おやりよ。」だって。

D地くん、「お父さんはいらないよ。いっぱい食べて、大きくなってね。」

K信くん、「ゆみ子の泣き顔は見たくないんだ。」

Rくん、「ゆみ子には大きくなってほしんだ。」

K美ちゃん、「父さんは食べないから、全部ゆみ子にあげて。ゆみ子を喜ばせて。」（子どもたちの間を歩きながら、次々書いていることを紹介していく。）みんなよく考えているねえ。いいねえ。

加藤 で、お母さんはどうしたの。

子たち ええ。もう食べちゃったんですの・・・・と会話文を読む

H樹 一生懸命あやした。

T樹 泣いてお別れしたくないから、とんとんって背中をしながら一生懸命あやした。

I海 さいごだから泣き顔で別れたくなかったから、泣かないでって。

加藤 そうね。ゆみちゃん、いいわねえ。お父ちゃん、兵隊ちゃんになるんだって。ばんざあいって——、そこではなんて言っているのかな。

M 一緒にばんざあいって、ゆみ子もしてあげて。

加藤 おお〜そうねえ。他の人はどうかな。

Y平 お母さんもゆみ子もいっしょにばんざあいってやろう。

加藤　そうだね。お母さんは一生懸命あやしたんだね。でも、ゆみ子はとうとう泣き出してしまいました。とうとうってどういうこと？

K起　ずっとがまんしてたのがってこと。

Aさ　泣かないように泣かないようにって思っていたのに、泣き出しちゃった。

加藤　泣かしたくなかったのに、泣き出しちゃったんだね。

E司　おとうさん、ぷいっといなくなったんだよ。

加藤　お父さんはぷいといなくなったんだね。どこに。

M子　プラットホームのはしっぽの、ごみ捨て場のような所に。そこに忘れられたようにさいているコスモスを見つけて、そこにぷいと行った。

Y汰　急いでコスモスを取りに行った。

M乃　プラットホームのごみ捨て場のような所にコスモスが咲いていた。

M　ごみ捨て場のような所って、どういう所のこと？

Aさ　ごみ捨て場。

K起　ごみ捨て場のような所だから、ごみ捨て場じゃない。

Y平　ごみ捨て場みたいに見えるところ。

S　ごみ捨て場じゃないけど、いろんな物が置いてある所。

K起　誰も来ないような所。

Aさ　誰も近づかないような所。

K起　誰も見向きもしない、プラットホームのはしっぽ。

加藤　そこにどんなふうに咲いていたの、コスモスは？

E美　忘れられたように、静かにさいていた。

K起　なんで忘れられたようにさいているの？

S　だあれにも気にされないようにさいていた。

R郎　見向きもされないようにさいている。

M　だあれも近づかないし、さいているなんて気づかないでさいている。

M乃　一つだけ。

加藤　M乃ちゃんはコスモスは何本くらいあると思って読んでいるの。

M乃　一本。

加藤　ああ、一本。みんなの頭の中にはコスモスは何本くらいさいているの？

（一本。二, 三本。五本。やっぱり一本。・・などの声）

Aさ　先生、一本って書いてあるじゃん。

Y平　一本じゃないよ、一輪だよ。一つだけのお花だから。

K起　一番きれいな一輪のコスモスの花って書いてある。

T樹　一輪のコスモスの花、一つだけのお花ってあるいから、一本。

T也　お父さんの手に一輪のコスモスの花だから、そして、一つだけあげようって言っているから、あげたのは一つ、だけど、さいているのはいっぱいじゃないけど、何本かはさいていて、急いでいるけど、これって一輪選んで、あげようって渡している。

加藤　T也くんはそういう風に想像しているわけだね。

S　一つだけ選んでゆみ子にあげる、一番きれいな花を選んであげるんでしょ、だから、三、四本ぐらいさいていて、一番目立ったきれいな花をゆみ子にあげた。

K起　お父さんが急いで選んで、きれいな花、一輪。

加藤　みんなどの位あるように想像している。一本だと思う人（半数位が手を挙げる）SくんやT也くんみたいに二、三、四本位はさいているっていう人（半数位手を挙げる）ああ、ちょうど半々だね。これは書いてないものね、一人一人の頭にその絵を書いてみていいんだよ。みんな当たり。

Aさ　文章に書いてないものね。一輪ては書いてあるけどさ。

加藤　お父さん、この一輪のコスモスをどうやって取って来たの。

H樹　汽車が入ってくる時にあわてて取りに行ったの。一番きれいなお花を取って来た。

T樹　どうして一番きれいなコスモスかって言うと、さいごだから。

子　思い出。

Y平　ゆみ子を泣かせたくないと思っているのに都合よくさいているコスモスから一番きれいな赤いコスモスを選んでとって来た。

T樹　お父さんの気持ちを込めて、取って来た。

加藤　一輪のお花なんだね。

Aさ　一輪にお父さんの気持ちを込めた。

D地　お父さんのこと覚えていてねって、気持ちを込めて一輪渡した。

Y汰　急いで見つけたコスモスの花を取りに行って、一輪だけ取って来た。

K起　一輪のお花が一番ぴったりくる感じ。

Aさ　お花は一輪でいい感じ、気持ちを込めている感じがする。

加藤　そうかあ、一輪の花を渡しながら、お父さんはなんて言う

　　　　の？

子たち　ゆみ。さあ、一つだけあげよう。一つだけのお花、だいじ
　　　　にするんだよう——。

加藤　　そうだね。そう言って渡したんだね。
　　　　そこのダッシュのところにはどんな言葉を言ったかな？

S　　　この花お父さんだと思って、いつまでも大切にしておくれ。

E美　　お父さんのこと忘れないでおくれ。お父さんのお守りだと
　　　　思ってね。一番真っ赤できれいなお花、だいじにするんだよ。

R　　　これが一番きれいなお花だったんだよ。

I海　　お父さんがいなくても、元気でいてね。

Nな　　このお花みたいに元気で、きれいな子になってね。

加藤　　そうね。そして、お父さんは何も言わずに汽車に乗って行っ
　　　　てしまいました。ここが一番多くの子が分からないって言っ
　　　　ていたところだね。どうしてだまって行ってしまったの？

J隼　　何か言いたくて言いたくて、でも悲しくて悲しくて言葉が出
　　　　ないし、言うともっと悲しくなるから、言わなかった。

A紗　　お父さんのあげたコスモスの中にお父さんの気持ちがいっぱ
　　　　い入っているから、何も言わずに汽車に乗って行ってしまっ
　　　　たんだと思う。

S　　　たぶん、何か言うと、もっと悲しくなるから。

A美　　悲しすぎて言葉が出なかったのかなあと、思いました。

加藤　　悲しすぎてね。お父さんもお母さんもね。

J隼　　ゆみ子は分からない。悲しいお話。

加藤　　そうだね。今日の場面の感想を書いてください。

（授業後の子どもたちのノートから・5分使って）

・R郎　ゆみ子のお父さんが汽車に乗っていってしまうときになって、お母さんがあやしたけど、ゆみ子がとうとう泣き出してしまった。とういうところで、ぼくも弟とかがかんじんの時に泣き出すと、あせってしまいます。それでゆみ子のお母さんもお父さんが兵隊さんになるというときに、ゆみ子が泣き出したとき、お母さんはものすごくあせったと思います。ゆみ子のお父さんはなぜ何も言わずに汽車に乗っていってしまったの？　何も言えなかったのです。

・A紗　「みんなおやりよ、お母さん。おにぎりを——お父さんはいらないからゆみ子にあげなよ。ゆみ子が元気になるなら、お父さんはいらないよ。」「一つだけのお花、大事にするんだよ——もう会えるか分からないから、いつまでも大切にするんだよ。」お父さんは何も言わずに行ってしまったのかっていうと、かなしくて、もっと言うとよけいにかなしくなっちゃうから、言わなかったんだと思う。お父さんがあげたコスモスの中には、お父さんの気持ちがいっぱい入っているから、もう何も言わずに、汽車に乗って行ってしまったのだと、思う。

・Y大　お父さんがだまって汽車に乗って行ったのは、きっとこれ以上しゃべっても、お母さんとゆみ子にかなしい思いをさせてしまい、戦争に行くに行けない気持ちになって、自分も気持ちがぐちゃぐちゃになって自分が困るので、何も言わずに汽車に乗って行ったんだと思います。そして、一つの花を見つめているのは、あの花を気にいってくれたかなって、いつまでもゆみ子のことを心配して、見つめていたんだと思います。

・Kで　お父さんが戦争に行くことをゆみ子とお母さんがかなしむ

から、お父さんは何も言わずに汽車に乗って戦争に行ったと思います。お父さんの気持ちをこめたコスモスの花を見つめながら行ったのは、かなしいのと、元気でいておくれって思いながら行ったんだと思います。

・J隼　ゆみ子が言葉が分からないから、お父さんは何も言わないで行ったんじゃない。自分の気持ちを言いたくて言いたくても、言葉が出ないし、言うともっとかなしくなるから言わなかったんだ。ぼくはこの本で学びました。人の大切さをいろいろ学びました。読んでよかった。

・T亮　ゆみ子は戦争にお父さんが行くのを知らなくて、ゆみ子のお父さんが持ってきた一輪のコスモスの花には、お父さんの気持ちがいっぱい入っていると思う。ゆみ子のお父さんは本当にすごくかなしいと思う。お父さんはかなしい気持ちで汽車に乗って行ってしまったと思う。ゆみ子の成長だけを心配して、お父さんは死ぬのをかくごして、行ったんだと思う。

・I海　お父さんは何もゆみ子にあげる物がなかったから、ゆみ子にコスモスの花をあげたんだと思った。お父さんはすごくかなしい気持ちで汽車に乗って、ゆみ子のにぎっているコスモスの花に「ありがとう」とか「さよならゆみ子」とか「元気でいるんだよ」とか思いを込めていたから、ゆみ子がにぎっている一つの花を見つめながら行ってしまったんだと思う。

・K起　ゆみ子のお父さんが戦争に行ってしまって、ゆみ子とお母さんを残して、何も言わずに行ってしまったという所が、なんかかなしくてたまらない。もしぼくがそこにいたら「まって〜」と、言う。

127

・A美　お父さんがプラットホームのはしっぽのごみ捨て場のような所にさいていたコスモスの花は一輪ではなく、３～４輪くらいはあったと思う。戦争中にきれいなそんなに花はさいてないと思うし、水をあげる人もないからかれてしまうかもしれないし、ほこりをかぶっているかもしれないから、いっぱいさいてないけど、一輪だけでもないと思う。「ゆみ、さあ一つだけあげよう、大事にするんだよ──」コスモスの花にはお父さんの気持ちがいっぱいこめられていたと思う。お父さんは、こう言いながらすごーくかなしかったと思う。お父さんは何も言わずに汽車に乗ったのはかなしすぎて言葉が出なかったし、別れの言葉を言うと、もっとかなしくなるからだと思います。

・S　　一つの花をあげて、何も言わずに汽車に乗ったのは、たぶんもっとかなしくなるからだと思う。一つの花を見つめながら汽車の乗ったのは最後の最後まで一つのコスモスの思い出をあげたのだと思う。この花をぼくだと思っていつまでも大切にするんだよ、と。そしてお父さんも同じ思いを持って、戦争に行ったんだと思う。

・D地　ぼくはプラットホームのはしっぽのごみ捨て場のような所にわすられたようにさいていたコスモスの花は２本か３本のなかの一輪だと思います。わすられたようにさいていたんだし、お父さんの気持ちを込められるきれいな一輪のコスモスだからです。お父さんは何も言わずに汽車に乗って行ってしまったのかはよくわかりません。が、ぼくは何か言うと、お母さんとゆみ子がかなしくなっちゃうからだと思います。

・T樹　ぼくは１１ページの最後から４行目の何も言わずにという言葉に感動しました。なぜかというと、小さくばんざいをしていた

り歌を歌ったりしている時に、まるで戦争に行く人ではないかのようにしていたのに、とうとう汽車が入ってきて、ゆみ子にさよならと言うとゆみ子が悲しむから何も言わないで、ゆみ子がコスモスの花をもらって笑っている間にいなくなった方がいいんだと、お父さんは思っていたからです。本当に感動しました。

・R　　これが一番きれいなお花だから、ゆみ子にあげるよ。このお花のようにゆみ子に育ってほしいと思っているお父さん。きれいな、目立たなくてもきれいで、強いゆみ子です。どんな気持ちでおとうさんは汽車に乗ったのか、どんな気持ちでお母さんとゆみ子はお父さんを見送ったのか、ぼくはかなしい気持ちで見送って、かなしい気持ちで汽車に乗って行ったと思います。

・E司　　お父さんは今まで心配していたゆみ子と別れを告げる日が来て、かなしい気持ちだったと思う。そんなゆみ子の泣き顔をこれ以上見たくなかったお父さん、ゆみ子を泣かせたくなかったお父さんは、何も言わずに汽車に乗って行ったんだと思う。そして、一つの花をもらったゆみ子の喜んだ姿に安心して、お父さんは一つの花を見つめながら、汽車に乗っていったと思う。

・M子　　ひとつだけのおはな、大事にするんだよ——たいせつにするんだよ、お父さんとゆみ子とお母さんだけのたった一つだけのお花。お父さんを一つだけのお花で見守ってね・・・。お父さんはだまって一つの花を見つめながら汽車に乗って行ったかというと、一つの花の中にお父さんの気持ちがい〜っぱい入っていたからです。ゆみ子、大きくなって、元気でね、というような気持ちです。

・Nな　　お母さんがゆみ子を一生懸命あやしている気持ちは「さいごだから、わらってあげようよ、ゆみ子。」と、思っていたのかな

と思いました。おとうさんがぷいといなくなった時の気持ちはどんな気持ちだったのかな、と思いました。お父さんがゆみ子にお花をあげて、ゆみ子がキャッキャッと足をばたつかせて喜んだ時、お父さんは「よかった、笑ってくれて。」と、思ったのかなと思いました。ゆみ子がお父さんに一つの花をもらって喜んで、それを見てにっこり笑って何も言わずに汽車に乗って行ってしまったお父さんの気持ちは「さよなら、ゆみ子。何にも言わなくてごめんね。つらかったんだよ。元気でいるんだよ。」と、思ったのかなと思いました。プラットホームのはしっぽのごみ捨て場のような所にさいていたコスモスを、お父さんが見つけて、その中で一番きれいな花があって、お父さんは「よかった。」と、思って、ゆみ子に「お父さんの最後のプレゼントだよ、大切にしてね。」って思って、手渡したのかな、と思いました。

・E美　読んでいて、たぶんその2つか3つか4つぐらいの中で一番まっ赤なきれいなお花をあげたんだなと思いました。お父さんがどこへ行ったとしても、そのまっ赤なきれいなお花がお父さんだと思ってほしいと思っているのかな？　ゆみ子は生まれてから見たことがなかったし一つもらったから、キャッキャッと足をばたつかせて喜んだんだと思います。わたしは3年生のころから本の気持ちが分かりました。4年生になったらもっともっともーっとわかるようになりました。5年生になってもお話を読んで、手を挙げたいと思います。一つの花を読んで、気持ちや考えをはっきり言えるようになりました。これからもちゃんとはっきりと意見を言えるようにしっかり読みます。がんばります。

（5時間目）　P12～最後
　目標：10年後のゆみ子とお母さんの幸せな様子を感じる。

　この時間は、学習範囲の個人読みの後、私がもう一度読んで始めました。

　戦争が終わって10年たった、ゆみ子とお母さんの様子であること（ゆみ子はみんなと同じくらいの10,11才になったことを確認）して、10分位使って感想を書きました。そして最後に、初めから最後まで通して指名読みをして、授業を終わりました。

（子どもたちのノートから・10分使って）

・**J隼**　　ゆみ子はみんなとか山ほどとかいう言葉を知らないで、お母さんの「一つだけ」という口ぐせを覚えたから、かなしいなって思います。それからお父さんが戦争に行くのはかわいそうです。お父さんは体が弱いのに戦争に行かされるなんて、かわいそうです。ぼくはおとうさんもお母さんもゆみ子も勇気があると思います。

　10年後のゆみ子はお父さんが戦争に行ったということは分かっていると思います。お母さんが話してあげたからです。お父さんがゆみ子やお母さんを守るために戦争に行くって思ってたから、お父さんは行ったし、お母さんはゆみ子に話したのです。

・**A美**　私は「一つの花」を学習して、戦争はすごくいやなこととか、ぜったいにやってはいけないことなんだとかいう思いが、3年生に「ちいちゃんのかげおくり」を学習した時より、強く感じました。なぜかというと、配給される食べ物の量がとっても少なくて、それでもゆみ子に「一つだけちょうだい」と、言われて、一つあげ

るお母さんのやさしさや、何もしてあげられないけど、お母さんに
負けずに思いやりのある高い高いをするお父さんがかわいそうに
思ったからです。戦争が終わって１０年。ゆみ子もお母さんもとて
も幸せそうです。ゆみ子は元気に生活しています。

・Ｋ美　すごくかなしいお話だと思った。ゆみ子がコスモスを一輪
もらった時、ゆみ子もお父さんもうれしそうだったと思います。町
は次々に焼かれたし、食べ物もお米はもちろん、おいもや豆やかぼ
ちゃなども少ししかなかった。お父さんが戦争に行く時、お父さん
もお母さんもすごくつらかったと思う。

　１０年たってゆみ子はトントンぶきの小さな家でも、ゆみ子はう
れしかったと思う。スキップもしていたし、コスモスの花に包まれ
ていたから。元気に大きくなっていてよかった。

・Ｎな　最初はとってもかわいそうだったけど、１０年の年月が過
ぎたら、幸せになっていてよかったと思いました。お父さんが戦争
で死んでしまっても、天国で「よかったな、ゆみ子、幸せになれて。
おとうさんはいつまでもここで見守っているよ」と、天国に行った
お父さんはきっと思っていると思いました。戦争のはげしかったこ
ろは、あまいものやお肉やお魚はどこに行ってもなかったのに、戦
争が終わって１０年の年月が過ぎたら、お肉やお魚はちゃんと町に
売っていて、幸せになったことが、わたしはとてもうれしかったで
す。どうしてかというと、おにぎりだって３つしか食べれなくても、
１０年も過ぎたら、何個でも作れると思ったからです。

・Ａ紗　ゆみ子はいつもおなかをすかしていたのに、おいもや豆し
か食べれなかったのに、それから１０年の年月が過ぎたころには、
もうお肉とお魚とどっちがいいって言っていることは、もうお肉と

かお魚が食べれるということだから、もう食べられるようになって
よかったねって思った。ゆみ子はもう口ぐせはなおったのかなって
思った。ゆみ子はお父さんがいたのかもわすれていたっていう所が、
すごくかわいそうだと思った。お父さんは天国でゆみ子を見ている
かなって思った。ゆみ子とお母さんの幸せをずっと見ているなって
思った。

　この「一つの花」の学習を通して、学習後の感想を学級通信に載
せて、朝の会で読む、ということを、続けました。5時間目の最後
の感想を載せた学級通信『きらきら』のおわりに、
　『「一つの花」では、4の2のみんながとてもよく学習したなって
思います。次の「アップとルーズで伝える」の読み練習に入ったら、
自主学習でＹ大くんとＴ也くんが難しい言葉調べをしてきました。
Ｙ大くんは熱が出て休んでいたのに、熱が３７度に下がったら、言
葉調べをしようと思っていたのだそうです。すごいですよね。』と、
子ども達の変化について触れた文章を載せています。他の子達の自
主学習ノートも充実してきて、学級通信の隙間に載せました。

Ｙ汰くん
問題をたくさん作って自主勉強しています。
もちろん答えも書いてあります。みんなも考えてＹ汰くんと答え合わせをするといいよ。
今日は「社会」と「理科」の問題。できるかな？

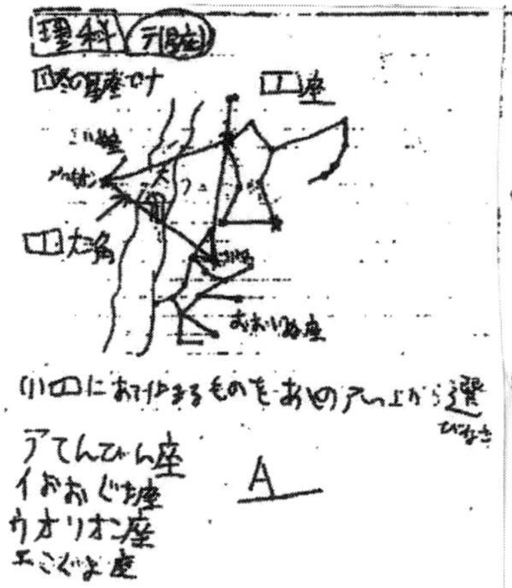

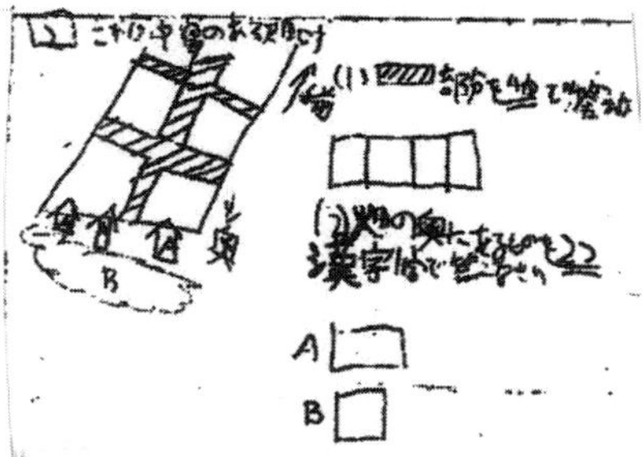

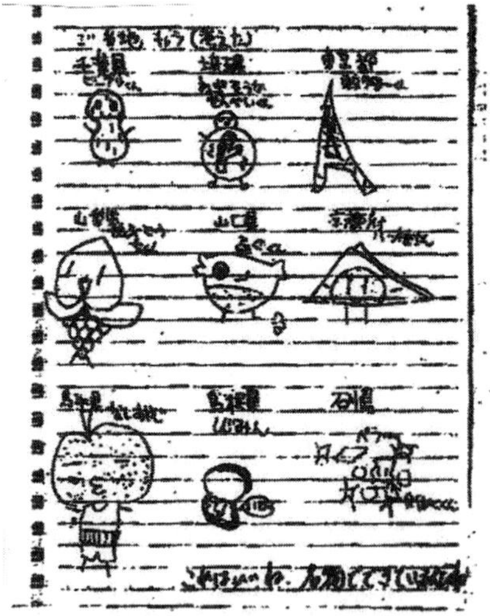

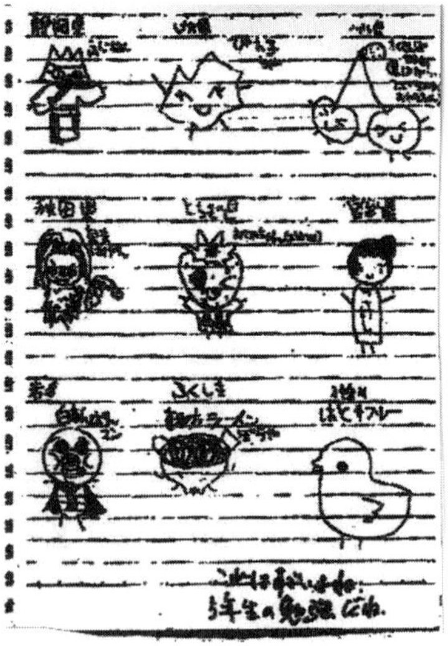

Ｉ海さん
名物でできているキャラを考えたんだって！
まだまだたくさんご当地キャラをかんがえだしているんですよ。

算数「2位数で割るわり算」の授業

　2学期になった11月半ば、4年生の算数の学習の中でも多くの子どもたちが困難を感じる「2位数で割るわり算」の学習に入りました。少しずつ前向きになってきている子どもたちの気持ちを大切にして、今まで学習してきたものを様々に使って、「2位数で割るわり算」の方法をクラス全体で見つけていくことを大切にしたいと思いました。

　そして算数は難しい。算数はめんどくさい、算数は嫌いという子どもたちの算数に対する高いハードルを少しでも低くできるように取り組んでいきたいと思いました。

　整数の除法の計算方法（筆算）は、除数が1位数の場合を4年生の1学期に学習することで一応完成しています。この除数が2位数で、被除数が2～3位数の計算方法は1学期の1位数の計算方法の発展といえる学習内容です。即ち2位数で割るわり算は、除数の桁数が増えても計算を進める時の考え方や手順（「たてる」「かける」「ひく」「おろす」）は同じだということです。だからと言って、形式的に指導すると困難を感じる子どもが多く出てくるのではないかと予想しました。なぜ困難を感じるかというと、除数が2位数になることで、商をたてることが1位数の時と比べて格段に難しくなるからです。

　まずその困難さを乗り越えるには、既習の考え方、方法を様々に

駆使して、2位数で割ることをはっきりしっかりイメージして計算の方法を身につけていくことだと思いました。

　2位数で割るイメージをはっきりしっかり持つために具体物を動かしたり、図を書いたり、タイルを使ったり、計算を繰り返したり等々の一人ひとりの考え方を大切にして、筆算の方法を自ら見つけ出せるような授業を展開したいと考えました。

　また、教科書では包含除の問題から導入していますが、敢えて等分徐の問題に換えて提示することにしました。包含除（いくつ分・倍を出す除法）は子どもたちにとって等分徐と比べて実感しにくいと判断したからです。わり算は、

　"1あたりの量×いくつ分＝全体の量"というかけ算の成り立ちと深く関わっています。まずは"1あたりの量"の値を出すのがわり算であること、これが5年生で学習する「単位量あたりの数」や「速さ」の基礎になると考えたからです。そしてさらに"いくつ分（倍）"の値を出すのもわり算であることを認識させて、整数同士のわり算の総まとめにしたいと考えました。（5，6年生のわり算は小数のわり算・分数のわり算と、整数のわり算の発展になるからです）

　また問題文を読んで、等分徐の問題なのか、包含除の問題なのかはっきりさせるために、式に助数詞を書かせることにしました。（1学期の「一位数で割るわり算」を学習する時から取り組みました）

問題文

> 67このアメを21人で同じ数ずつ分けます。1人分は何こになりますか。また、何こあまりますか？

の問題文を、黒板に貼って、授業は始まりました。

《　授業の様子　》

加藤　これはどんな式になる？

子　　□こ×２１人＝６７こ　（板書）

加藤　他の考えはない？　（子：ない。□こ×２１人＝６７こで正解）

　　　どうして？

子　　□こずつ２１人に分けると全部で６７こになるってことだから。

子　　１人分が□こで２１人分だから、そして全部が６７こになるから

子　　＝（は）６７にならないこともあるかもしれない。

　　　だって、あまりは何こだから。

加藤　そうね。式は□こ×２１人＝６７こでいいんだね。

　　　じゃあ、何こずつ分けられて、何こ余るかを出すにはどういう式？

子達　６７÷２１

加藤　そうだね。じゃあ、このわり算の答えはいくつになるか、一人ひとり考えてみて。

　ブロックを取りに来たり、タイルを取りに来たり・・・・と動き出しました。

　子どもたちは一人ひとりで、とても意欲的に取り組みました。私

は子どもたちの間を回りながら、「おお、よく考えたね。」「これは
どう考えたの？」「すごーい。」などと励ましたりしながら、１２名
に大きな画用紙に自分の考えを書いて、発表するようにと指示をし
て、次の日の算数の時間を迎えました。

　　最初に発表したのはＹ平くん
とＫでさんの２人です。

Ｙ平　ぼくはブロックで考えま
　　　した。これに貼ったのは

　　　Ｋでさんといっしょだけどね。でブロックを６７こ使って、
　　　２１こずつ１こ目、２こ目、３こ目って積み重ねたら、３こ
　　　積み重なって、４こ余ったので、１人分は３こで余り４こに
　　　なりました。（小さな声で、Ｋで、付けたしある？）

Ｋで　わたしは、分かり易くなるように、Ａさん～Ｕさんに分けた
　　　というように一人一人の名前をＹ平くんの書いた紙に、書き
　　　足しました。２１人に１こずつ分けていったら、３こ分けら
　　　れたってなりました。

子達　同じだ、３こ分けられて４こあまる。　同じ考え方。一
　　　緒。・・・・

加藤　２人の考え方、いいかな。分かったかな。聞きたいこととか
　　　ない？

Ｙ汰　Ｋでちゃんの名前を書いたのがいいねえ。（Ｋで、ニコニコ
　　　する）

加藤　じゃあ、次はＳくん。

Ｓ　　ぼくは、タイルで考えました。１０のタイル２本とちび１こ

　　　　　が3段できるから、1人
　　　　　分は3こであまりは4こ。

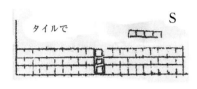

子達　Y平たちのと同じだね。
　　　　同じ。わかる。

加藤　次は絵で考えたY汰くんだね。

Y汰　ぼくの絵はこれです。21
　　　　のかたまりが3こできる。
　　　　これが1回目、これが2回
　　　　目、これが3回目。

子　　どうしてかたまり3こって分かったの？

子　　あまりは？

Y汰　あまりは4こかな。

Aさ　もしかすると、わたしと一緒で3こずつって思ったのか
　　　　も・・。

加藤　ああ、Aさちゃんも絵で考えていたものね。Aさちゃん発表
　　　　してみる？

Aさ　わたしはアメを67こ書いて、21人にどんどん分けていっ
　　　　て、答えを出しました。（と、言いながら発表の紙を黒板に
　　　　貼る。すると、ええ～とか、おお～とかいう声が聞こえる）

Aさ　ここの21が1回目で次のここが（42の声）2回目でここ
　　　　が3回目で、残りが4こ。

子たち　これは分かりやすい。いい。いい。

R　　ぼくとおんなじ、考え。ぼくはカラフルにしたよ。

加藤　じゃあ、Rくんいこうかあ。

R　　ぼくは21人だから、21色の色を付けて、3回色分けでき

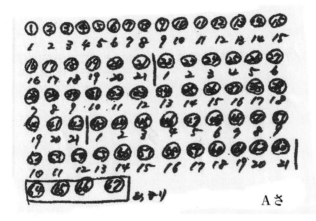

Aさ

て、4こ余りと考えま
した。

子たち　おお、よく色があっ
たね。

カラフル〜。

21人で21色かあ〜。

加藤　Rくん、根気よくがん

ばったね。1人3こずつで4こ余りで、いいね。

加藤　次は計算で考えた人達だよ。初めはA香
ちゃん。

A香　（発表の紙を貼ってから、なかなか説明を
始めないでいると・・・）

M子　式は違うけど、わたしと同じか、な。

加藤　そう。じゃあ、M子ちゃん発表してみる。

M子　九九の21の段で考えます。

21色で色分けする　R

21の段で

$21 \times 1 = 21$

$21 \times 2 = 42$

$21 \times 3 = 63$

$67 - 63 = 4$

M子

140

　　　21×1＝21　　21×2＝42

　　　21×3＝63で67に近くなったので67−63＝4で、

　　　これがあまりになります。

A香　（ニコニコしながら）そう、そういうこと。

子　　え、どういうこと？

A香　21＋21で42　これで一回目、2回目。それにもう1回21をたすと

　　　63で、これで3回目。で、もうこれ以上足せないから、67から63をひいて、4であまりがでる。21を1，2，3回足したから、3こずつ分けられて、4こ余ります。

子たち　M子ちゃんと同じ。同じ。ええ〜どうして同じ？

（教え合いをする姿が見え始める）

加藤　M子ちゃんとA香ちゃんはかけ算とたし算で表し方をちょっと違っていたけど、考えのもとは同じなんだね。

加藤　同じかけ算で考えたのはJ隼くん。どうぞ。

J隼　ぼくは一番最初の□の中に1，2，3って入れていって答えを出したんだよ。

子たち　ええ〜。おお〜。よく考えたなあ〜。

加藤　わり算の式を立てる最初の□の式に入れて考えたんだね。かけ算の式がわり算のもとだもんね、いいねえ。

加藤　でね。コンパスを使った子もいるんだよ。（ええ〜）T也く

141

ん。

T也　これが６センチ７ミリの線で。それを２センチ１ミリで分け
　　　ると３回入って、ちょっと余る。ちょっとは４ミリ。

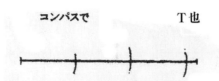

子たち　すご～い。スゲ～。（１センチは１０ミリでしょ、っと、説
　　　明している声も聞こえる）

加藤　次はH樹くん。

H樹　ぼくは大体で考えて答えを出したんだよ～。（と、言いなが
　　　ら小走りに黒板前に出てくる。）

H樹　ぼくは６÷２にすれば計算でき
　　　る、と考えて、６７は６０、
　　　２１は２０にして、で、６０÷
　　　２０になるから３で、２１×３
　　　は６３だから、６７から６３を
　　　ひくと、４で、答えは１人３こ
　　　ずつ分けられて、余りは４こです。
　　　質問ありますか？

> ６÷２にすれば
> ６７→６０　　２１→２０
> ６０÷２０＝３
> ２１×❸＝６３
> ６７－６３＝４　　H樹

子たち　・・・・・

加藤　じゃあ、あと一人、T樹くんにも発表してもらおうか。

（T樹は、自信なさそうに出て来る。）

T樹　ぼくは、だいたい３こって思って、３こずつ２１人に分けた
　　　ら、４こあまりました。だからみんなと同じで３こずつ分け

142

られて4こあまり。

T樹

子たち　（言ってることは分かるけど…という感じ）

加藤　どうしてT樹くんは、だいたい3こって思ったの?

T樹　勘!　（と、言い切った。）

すると

Y平　H樹くんの考え方なんじゃないの!

加藤　えっ、どういうこと?

Y平　一の位を0にして、67は60, 21は20って考えて、
　　　60÷20で、6÷2で3, だから3だなあってT樹くんは
　　　思たんじゃないの。

T樹　分からない・・・。

T也　コンパスで分ける時も、だいたい3回入るなって予感してた
　　　よ。

と、ぼくもT樹くんと同じだったんだあという感じで、T也が話し
出した。

加藤　どうして予感したの?

T也　だって6センチちょっとと、2センチちょっとずつで分けた
　　　から。

子たち　・・・・（一人一人何か考えている様子。）

Y汰　あのね、ぼくの絵で3こ書いたのも、だいたい3かなって

思って書いた感じがする。

子　だいたいでいいの？

子　このくらいかなあって予感を使うの？

子たち　（口々に言っているが、はっきり聞こえてこない。）

H樹　予感じゃなくて、だいたいの数にして計算するんじゃないの。

J隼　計算しやすい何十って数にして、だいたいで答えを出す。

Aさ　そうそう、６０と２０っていうような感じにして、３って考えて計算すればいいんじゃない。

子たち　（うなづく子が多く見られた）

加藤　そうなんだあ。じゃ、みんなの考えでこの計算の筆算の仕方を明日は考えよう。

　次の日の授業で、筆算の仕方を６７→６０　　２１→２０と考えて、６０÷２０と考えて、３と確認してから、筆算の仕方にまとめました。その時、クラスの問題になったのは、どこに３を書くかです。商の３を十の位に書くか、一の位に書くか、という問題です。子どもに、隣近所の人と話し合ってみて、と言うと、さかんに話し始めました。そして、一の位に書かなくてはダメということにまとまったグループばかりとなりました。何人かの子に指名して理由を話してもらいました。

S　タイルで考えた時、６本と２本ってなったから、３は一の位に書く。

（自分が最初に考えたタイルの考えに戻って考え、友達に話していた。）

Nな　６０÷２０って考えて、答えは３。６０円の中に２０円は３

　　だから、一の位に書く。
J也　3って一の位でしょ。(当たり前、といった感じで話す)
加藤　そうだね。一の位に書くんだね。(と、言って、手隠し法を
　　説明する。そしてもう一度、指で隠したところに答を書くん
　　だよ、と話す。)
子たち　おお〜。　　練習問題出して！

　この「2位数で割るわり算」の授業を通して、ますます子ども達
が動き出したなあ、と感じました。子ども達同士で学び合いができ
るようになったなあ、とも思いました。大げさに言えば、4年生ら
しいキラキラした花が開き出したように感じてすごくうれしくなっ
たのです。
　12月、漢字のまとめテスト(50問)では33名の子が90点
以上合格をしました。(100点は19名、98点は8名・・)合
格できなかった子2名も1学期のまとめテスト(9月)から比べれ
ば、40点以上も点数が上がっていて、惜しくも不合格だったので
した。不合格だったのだけれど事前練習をクラスの中で一番がん
ばったのは、この中の一人の男の子でした。さらに算数のわり算の
筆算の課題が進むたびに、意見を言って、クラスみんなで考える
きっかけを作ってくれるようになってきたこの男の子は、発表する
たびに「Yくん、すご〜い」と、言われ、ニコニコ顔がいっぱい見
られるようになりました。
　12月24日・1,2時間目の「4の2　クリスマス会」は、子
どもたちの力ですべて進みました。教室の飾り付けも、グループの
出し物も、進行役も、時間配分も、片付けも・・・学級会で決定し

145

たことに沿って、全員で準備し、取り組み、大成功でした。ちゃん
とR子ちゃんも仲間に入れて・・・・。そしてうれしいことに、K
くんのお母さんがクッキーを焼いて、一人一人にきれいにラッピン
グをして届けてくださったのでした。
　同日４時間目の大掃除では４の２は教室のワックスがけもしてし
まいました。大掃除でワックスがけをしなくなって久しい昨今（放
課後教師がするのです）、ワックスがけを時間を余らせて、安全に
きれいに取り組めるこの４の２の子どもたち・・・本当に成長した
な、と思いました。
　他の清掃分担の子どもたちの動きも、とても良かったらしく、先
生方に「立派だった。」「よく動くね。」「流しのごみ受けまでピカピ
カよ。」と、声をかけられました。大掃除のお手伝いに来てくだ
さった保護者の方にはトイレ掃除のお手伝いをお願いしました。お
母さんは「汚いなんて言わないで、隅々まで掃除できるんですね。
男の子と女の子関係なく協力して、お互いに男子トイレも女子トイ
レもきれいにしていくので、ビックリしました。」と、言われ、分
担になっていない障碍者用トイレまでみんなできれいにしてしまっ
たと、ニコニコ話して帰って行かれました。
　私は、冬休み前の学級通信『きらきら』に次のように書きました。
　今の４の２をみていると、４の２一人ひとりがキラキラ輝いてい
るなって思います。具体的にいうと
○ケンカやいじわる、悪口は激減した。
○勉強ができるようになった子がいっぱいいる。
・国語の音読が上手になった子が多い。
・漢字をちゃんと練習して、スラスラかける力をつけた子が多い。

・計算の仕方をきちんと全員身につけられた。

・社会科で自分たちで調べ、自分たちで発表する方法を決めて取り組めた。

・理科のノートのまとめ方や学習後の感想が素晴らしいと担当のＴ先生もにっこにこ。

・体育の側転、持久走、サッカー、高跳びなど一生懸命取り組み、上手に楽しく体を動かすことができた。

・音楽のリコーダーがどの子もきれいな音で演奏できるようになった。

・歌声が４年生らしい生き生きしたすごくいい声で高らかに歌えるようになり、すばらしい。

○みんなで協力して休み時間のレクをしたり、バスレクをしたり、クリスマス会も飾り付けや出し物など、自分たちで計画して、実行できるようになった。

○掃除を一生懸命できる子が多くなった。

○給食をとにかくたくさん食べられるようになった。（５年生並みの給食を配食していただいて、職員室の給食までもらいに行くぐらいよく食べる。）

○放課後、学校の校庭に来て、大勢で遊んでいる姿をたくさん見ることができて、うれしかった。

○自主勉強に大勢が取り組んで、工夫した勉強がたくさん見られて、楽しかった。

○学校が楽しいって、毎日学校に来ている子ばかりでよかった。

　等々・・・・・、本当に楽しい毎日を過ごすことができました。と。

冬休み明けの子ども達は、ますますキラキラと花を開かせていきました。この一年間の実践を通して、子どもたちってすごい、正しいと思えば苦労も何のその。一生懸命取り組める美しさ、柔らかさ、がんばり、そして心の底からのやさしさと、ますます子どもたちに対する信頼感が強くなったのでした。

　4年生最後の学習発表会では、総合的な学習の一人一人の取り組み発表、2人組でのリコーダー2重奏、クラス合唱をしました。キラキラ輝いていて、とても美しい姿いっぱいとなっていて、うれしい思いいっぱいの会となりました。

　子どもたち一人一人の中に成長の物語があって、それを時々に共に喜び合える教師という仕事は、本当にやりがいのある仕事です。教師である自分が、子どもに、教材に真摯に向き合えば、子どもたちは教師を乗り越えて、より豊かで美しい姿を見せてくれ、心が震えるほど感動を与えてくれます。そういう教師という仕事の醍醐味を多くの先生方にぜひ味わっていってほしいと願っています。

Ⅲ

子どもと子どもを
つなぐ授業

加藤利明

　私は、体育系の教師でも理系の教師でもありません。学生時代は教育学を専攻し、詩や小説が好きな平凡な学生でした。ですから、体育の技なども普通にできるだけ、理科に対しても専門的知識はありません。そんな私が、なぜ体育と理科の授業の記録を書いたかというと、この教科での子どもたちの可能性の引き出し方、子どもたち一人ひとりをつなげる方法を明確に示したかったからです。

　マット運動の場合、子どもたちに火がつけば、家でも練習できるという利点があります。事実、倒立では、子どもたちは、廊下でも、昇降口でも、校庭でも、もちろん家庭でも、練習をしていました。また、自分の筋力に応じて練習できる、という良さもあります。自分の身体をコントロールする能力を高めるのに適した教材です。

　私は、体育で、技ができるようになることを目指すことはもちろんですが、その過程をとおして、子どもたちが学びあい・教えあいをすること、楽しみながら友達と追求をすることが大切だと考えています。子どもたちの心を育てたいのです。

　理科では、目の前で起こる現象をつぶさに観察し、現象に驚いたり疑問を持ったりして、仮説を持って対象を観察・実験することを大切にしてきました。対象に興味を持ち、追求する力を育てたいのです。実験の様子をノートに詳しく記録することをとおして、子どもの観察力、表現力も育てます。また、実験の結果を予想して、そ

の理由を友達と討論するので、コミュニケーション能力も高まります。そして実験の結果を考察することにより、論理的思考ができるようになってきます。

今、理科や体育などの教科を、専科に移行しようとの動きがあります。私は、担任がやった方が良いと考えています。私は、家庭で取り組んだ子どもたちの様子を学級通信で家庭にも知らせました。そしてその通信を、子どもたちにも読んであげたり読ませたりして、子どもたちをつなげます。体育の時間に撮影したビデオは、給食の時間などに子どもたちに見せました。子どもたちは、自分が演技している姿を見たことがないので、やっているつもりでもできていないことなどの問題に気づくことができます。担任だからこそできることがあり、その効果は大きいと考えています。教科の指導をとおして、子どもと子どもをつなげ、子どもの心を育てることが大切なのですから。

最後に載せた、詩「クロツグミ」と「下駄」の指導案、この2つの詩は、教材としての価値も高いので、私は、あちこちの学校で、学級で、授業をしています。「クロツグミ」は全ての学年で、「下駄」は中学年以上の学年で授業が可能です。この教材には、子どもたち（大人もですが）の意見が分かれる内容が含まれています。それをきっかけにして、文章を正しく読むということ、作者の心情に迫るということにつなげていくことができる教材です。みなさんも、ぜひやってみてください。

どの教科でも、子どもの可能性を引き出し、子どもたち一人ひとりをつなげることができます。ぜひ、自分に合った教科を探してく

ださい。その教科が身につけば、授業の原則は同じですから、他の教科でもできるようになっていくことでしょう。

　若い教師の皆さんが、子どもの事実を動かすことができる、子どもの可能性を開くことができる教師を目指して、さまざまな教科で教材で、授業力・教師力を高める努力を続けていくことを、願っています。

体育「倒立前まわり」の取り組み
倒立の基礎・基本と指導手順

　5年生で、倒立前まわりに取り組みました。その過程と、子どもたちの様子についてまとめておきます。

　まず、倒立前まわりといっても、私が目指した倒立は、立った姿勢から振りかぶって行う倒立ではなく、両手をマットにつけた姿勢から足を振り上げて行う倒立です。筋力がまだ充分に発達していない小学生には、このやり方の方が、自分の筋力に応じて挑戦することができるし、重心の動きが小さい分バランスがとりやすいと考えるからです。

　1年間を見通して、1学期はいろいろな前まわりを中心に指導して、基礎・基本を入れていきました。そして、2学期の後半から倒立前まわりの指導を始めました。こういう難しい技に取り組む時には、1年間の見通しが不可欠です。そうしないと、子どもたちに無理を強いることになり、子どもたち自らが意欲的に取り組むようにはならないからです。ひいては、クラスの子どもたち全員ができるようになる指導にはならないからです。

1、ねらい……指導するにあたっての教師の心構え

（1）倒立の基本を中心に指導する。

　・その子が現在持っている力を最大限に生かす方法を探る。

（2）指導過程を明確にする。

・補助運動と練習のポイントを明確にする。

（3）子どもが自ら動きだすように工夫する。

・子ども自らが課題をつくれるようにする。

・子どもたち同士の学びあい、教えあいが大切。

（4）そる倒立ではなく、まっすぐな倒立を目指す。

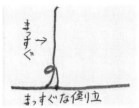

まっすぐな倒立

そった倒立

※体育の授業では、運動の原則・合理を教師がどう解釈するかが重要です。訓練主義、回数主義では、できる子はできるようになりますが、できない子はいつまでたってもできないということになりがちです。それでは、体育嫌いの子が増えるだけです。子どもたちに基礎・基本を入れていく過程で、子どもたちそれぞれが、自分の身体能力に応じた練習を考えだし、自分の身体能力をより伸ばしていくという、自分の可能性の追求が可能になるのが体育の授業なのです。

2、倒立の基本について

（1）立つ姿勢……そのポイントと指導の言葉など

　倒立は、立つ姿勢のまま逆さになれば良い、と考えました。そのためには、正しく立つことを教えなければなりません。そこで、下記の内容を指導しました。

①立ち方についての指導

・両足のかかとをつけて、つま先を開く。

・左右の膝をつけて、足を1本にする。

・腰を上に伸ばす。

・背骨を伸ばす。

・胸を広げる。両肩を少し後ろに引く感じで。

・あごをひく。柔らかく引く感じで、首に力を入れない。

・首を伸ばす。頭を上に持ち上げるイメージで。首を長く見せるように。

・肩の力を抜く。肩を持ち上げて、ストンと落とすと、力が抜ける。

・つま先に軽く体重を乗せる。かかとと床の間に紙を一枚入れる感じで。

※当たり前の内容のようですが、子どもたちにとっては結構難しい内容です。

※立ってやるのが難しい時には、床に座った姿勢で足を前に伸ばして、両足を揃えて、膝の裏を伸ばす練習をすると良いでしょう。

②呼吸についての指導……脱力の指導も含めて

・腹式呼吸を教えます。

・深呼吸や普通の呼吸をしても、肩に力が入らないように。

※呼吸をすることにより、余分な力を抜く、技への心構えをつくる、技のイメージをつくるなど、いろいろなことができるようになります。

※子どもたちに「息をいっぱい吸って」というと、肺に息をたくさん入れようとするので、肩に力が入り、肩が上がってしまうことがあります。呼吸と脱力、子どもたちの身体を見ながらの指導が大切です。

※技を始める前の深呼吸、技が終わった時の深呼吸、それは子ども
　の心を育てることにつながります。

※脱力して、まっすぐに立つこと、子どもたちにとって結構難しい
　ことです。意識的に自分の身体をコントロールする能力をつける
　ことが大切です。

※足をまっすぐに伸ばす、といってもなかなかできるものではあり
　ません。ましてや、倒立をしている時に足を伸ばすのは、かなり
　難しくなります。特に、膝の裏が伸びません。立っている時にも、
　膝の裏が緩んでいる子どもが多くいます。膝の後ろを締めること
　が必要なのです。その時に私は、子どもたちに「膝の裏に気持ち
　を入れて」と話します。そうすると、その子なりに徐々に伸びて
　きます。「膝の裏に力を入れて」という指示では、部分は良くな
　るかもしれませんが、子ども自らがどうするかを考えさせる指示
　にはならないと考えるからです。

※呼吸の指導がとても大切です。呼吸は脱力につながります。体育
　ではよく「頑張れ」という言葉を使いがちですが、余計なところ
　に力を入れて頑張ってはダメなのです。運動の合理に合った身体
　の使い方が必要なのです。ですから、私は子どもたちに「頑張
　れ」とは言いません。むしろ、脱力を教える方が効果的です。呼
　吸の指導をして、子どもたちの身体の余分な力を抜かせます。ま
　た、身体全体に息を入れることにより、身体を大きく見せること
　もできます。

（2）倒立を支える腕の使い方……手のひらと腕と胸でリームをつ
　くる。

　手のひらでマットをつかみ、腕で体重を支え、身体の重心がちょ

うど良い位置に来た時に、倒立は決まります。そのためには、身体を支えるリームが大切になります。

①手のひらの床へのつけ方の指導……床をつかむ。つかみ方は、床で指導した方が子どもには分かりやすい。

・指を大きく開いて、中指が前方を向くように床につく。

・両手の親指は向かい合うようにする。

・肩幅より少し広めに床に手をつく。

・指の第一関節と手首の付け根で床をつかむイメージで。これができるかどうかで、倒立のでき方が決まります。重要なポイントです。

②腕の使い方の指導……リームの指導

・両腕が平行になるように使うのではなく、少ししならせて、自転車のリームのようになるように使う。

・脇は締めるようにする。

③胸の使い方の指導……腕のリームと一体となった使い方

・胸を張る。

・脇は締めて、首を伸ばす感じで。

※「床をつかむ」と「腕をリームのように使う」が指導のポイントになります。

※「床をつかむ」というと、わしづかみのようなイメージを持つかもしれませんが、そうではなく、指の第一関節と指のつけ根と手のひらのつけ根でつかむ感じです。「地球をつかんで」という言葉がけもしてみました。床のつかみ方のうまい子を見つけて、それをクラスに広めていくと良いでしょう。

※「腕をリームのように使う」のは、筋力がまだ発達していない小

学生には重要な方法です。体操の選手などは、両腕を平行にして使いますが、小学生にはそれを要求しません。リームのようにして使って、リームをバネとして使えるようにすることにより、子どもが今持っている筋力を最大限に生かせるようになります。

（3）倒立の準備の構え

　倒立を始める時の構えのことです。床（マット）にリーム状で両手をついて、蹴り足は膝を曲げて手前におき、振り上げ足は膝を伸ばして身体の後ろにおく、という構えです。

①振り上げ足の指導

・膝をのばして、足がつま先まで1本になるようにさせる。

・つま先は裏返して、足の甲が床につくようにする。

※つま先まで気持ちが入れられれば、最高です。

②けり足の指導

・けり足は、腰の前か胸の近くにつきます。

※けり足という言い方をしますが、決してその足で蹴って倒立するわけではありません。振り上げ足を振り上げた時の支えの足です。

※この構えが、重要です。倒立は、蹴った力や振り上げの勢いでやるものではなく、倒立の構えの状態から、身体の重心を前へ動かすことによってやる運動です。ですから、この構えの指導は、時間をかけてやり、いろいろな練習もさせます。

※この構えの時に、肩が前に出せるか、つまり身体の重心が腕に乗せられるかが、重要なポイントの一つになります。この構えが安定してできること、何十秒もこの姿勢でいられることも、課題の一つになります。

159

※この構えをしたまま、振り上げ足を振る練習もさせます。その時に、振り上げ足の膝が曲がる子が出ますので、教師がそれを見ておかないといけません。

※振り上げ足がまっすぐの状態で振れるようになってきたら、それに合わせて、けり足を少し浮かせるようにします。このときに、重心が後ろに移動してしまい、肩がさがってしまう子がいますので、むしろ、振り上げた時に肩を前に出す感じで練習させるとよいでしょう。

※これらの練習は、スモールステップではありません。この構えができるようにならないと次に行けないという指導は間違いです。重要な基礎となる構えですので、どの段階に行ったとしても、この構えができるかどうかを、教師が見ていなければなりません。

※普通は、振り上げ足は利き足、けり足は軸足を使います。子どもが練習しながら自分に合った方を選んでいきます。

3、指導の流れ

（1）基礎・構えの練習

・まっすぐに立つこと、足を1本にすること、その上に腰をのせるイメージで。背骨を伸ばし、頭を空に伸ばすイメージで。肩の力を抜き、膝の後ろを締めさせる。

・足じゃんけんも有効。足首の柔らかさ、つま先を意識したじゃんけん。10回勝つまで連続で行い、勝った子は負けた子をおんぶして10歩歩くなど工夫すると、楽しみながら体幹を鍛える（含コミュニケーション）ことにもつながります。学年、クラスに合った、そして担任の個性に合った練習方法を考えることが大切

です。

※構えの練習。構えた姿勢の状態で、教師がその子の肩を左右にゆすってやると、簡単に崩れてしまう子が出てきます。肩が前に出ていないか床がつかめていないのどちらかです。子どもたちの状態によっては、肩を出した姿勢からの前まわりの練習を入れる必要があるかもしれません（P 176「ザ・前まわり」参照）。

※この練習は、授業のはじめに毎時間５分から１０分行うと、定着してきます。

（２）振り上げの練習

※構えでは、振り上げ足の脱力、腰を高くして肩を前に出す、これがポイントになります。

※振り上げ足を振り上げるタイミングで、けり足で床を軽く蹴ります。その時に、肩が後ろにさがる子がたくさん出ます。これでは、重心が後ろに行ってしまい、倒立にはつながりません。また、肩を前に出そうとすると、腕の構えが崩れてしまう子も出ます。一人ひとりの状態を教師が見て、手を打っていく必要があります。

（３）補助倒立

※子どもたち同士で補助ができることをねらいます。

※補助のやり方を教えます。補助者は、倒立する子の振り上げ足側で肩をまたぐようにして立ちます。振り上がってくる足をつかめばいいわけです。振り上げ足が上がらない子に対しては、補助者が腿のあたりを持って、持ち上げてやります。勢いがつきすぎてしまう子に対しては、背中側に倒れないようにしっかりと支えさせます。徐々に、補助者が軽く補助するだけで倒立ができるようになってきます。

※補助者がうまければ、倒立はうまくいくものです。良い補助者とは何かを、子どもたちに広めます。

※友達同士では不安な子がいます。その子たちには、教師が補助をして倒立をさせます。倒立に対しての恐怖感・不安感を取り除き、逆さ感覚を入れていきます。

※補助は、腿を持つ段階からふくらはぎを持つ段階へと、そして最終的には足首を持つ補助へとバージョンアップしていかせます。軽い補助へと移行していくわけです。

※着地の指導もここでしておきます。倒立から元の構えの姿勢（構え）に戻るという意味での着地です。倒立は、振り上げ足を振り上げると同時にけり足を持ち上げ、両足を揃えて倒立となります。そこから戻る時には、倒立したときと逆の順番になります。倒立の姿勢からけり足を戻し、その後に振り上げ足を戻します。このとき、足音を立てないように静かに着地させます。ドスンと勢いよく戻ってしまう子は、肩が前に出ていなくて、重心が後ろにいっている証拠です。肩を前に出しながら静かに「トン」と着地できるようになると、完璧です。

※倒立する子と補助する子のコミュニケーションが大切です。お互いが信頼し合わないと、お互いがうまくなれません。足が振り上がってきた時の補助のやり方（どこを、どこまで来たらつかむか）、倒立したときの姿勢の直し方の方法、着地に入るときの足のはなし方等々、息が合っていないと、うまくいきません。

※かべ倒立の後に、また補助倒立の練習を入れることもあります。倒立がある程度できるようになってきた段階では、倒立しているときの補助が重要になります。足が開いていないか、つま先は空

に向かっているか、膝の裏が伸びているかを、補助者が指摘して
あげます。また、補助者が倒立してる子の両足を開こうとしても
開かないほど両足を締めさせます。私は、「左右の親指を見えな
い糸で結んで」「足の先まで気持ちを入れて」等の言葉をかけま
した。

（4）補助かべ倒立

※補助倒立よりも難易度が上がります。

※一人でできない子は、友達に補助してもらいます。壁まで足がつ
　いて倒立ができたら、補助をとります。

※補助者が手を離すと壁から戻ってしまう子、倒立の姿勢が左右ど
　ちらかに曲がる子、手から崩れてしまう子などが出る可能性があ
　ります。一人ひとりに合った補助や指導法を工夫する必要があり
　ます。

（5）かべ倒立

※この段階が、倒立の中心になります。

※子ども自身に自分の倒立を修正させていきます。身体はまっすぐ
　か、両足は開いていないか、膝の裏は伸びているか、つま先は天
　井を向いているかなどなど、友達に指摘してもらいながら、自分
　で直していきます。

※壁倒立から戻るときにも、けり足から戻り、足音を立てずに着地
　することを課題にしました。戻るときに、腕のリームをたわめる
　ように使うことができるようになると、静かな着地になります。

※身体が弓なりに反ってしまう子には、「背中ぺったり倒立」を教
　えます。倒立の姿勢で、背中、お尻、ふくらはぎを壁にぺったり
　とつける倒立です。そのことにより、まっすぐの感覚が身につき

ます。（ちなみに「背中ぺったり倒立」という言葉は、子どもた
ちが考え出した言葉です。）

※肩が前に出ない子に対しては、壁から少し離れたところに手をつ
　かせて、倒立をさせます。この距離を間違えると、子どもは顔か
　ら崩れてしまうことがあるので、慎重に距離をとらせる必要があ
　ります。壁から３０ｃｍ位離して手をついてかべ倒立ができるよ
　うになると、肩が前に出てきます。（子どもたちは「手のつく位
　置がどこまで遠くなっているか倒立」
　と名づけていました。）

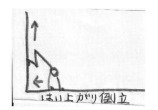

※３０秒以上倒立の姿勢を保っていられ
　る子たちには、「はい上がり倒立」を
　教えます。これを教えておくと、倒立
　前まわりの段階に入った時に、かべ倒
　立からの前まわりの練習ができます。「はい上がり倒立」は、壁
　を背にして倒立の構えをしてマットに手をつき、後ろにある壁に
　両足をかけて壁をはい上がり、それにつれて手を壁に使づけると
　いう倒立です。壁にお腹側がつく倒立です。

※構えの姿勢からかべ倒立をして、すぐに構えの姿勢に戻る、そし
　てまた倒立する、それを連続でやることを「連続かべ倒立」と名
　づけました。これは、腕で身体を支える、肩を前に出すなどの課
　題解決に有効です。

※倒立して静止の練習もやります。かべ倒立の姿勢から、足を壁か
　ら離して倒立をして、またかべ倒立へ戻る、という方法です。壁
　から離れていられるのが、何秒可能になるかの練習です。壁から
　離れていられるためには、腕のリームをどう使うか、床のつかみ

方をどうするか等を考えて工夫する必要があります。子どもたち
に課題が生まれてきていれば、かなりの追求が始まるはずです。

（6）補助倒立前まわり

・教師が補助しての倒立前まわり。

・友達が補助しての倒立前まわり。

※かべ倒立が完璧になってから補助倒立前まわりに入るのではなく、
　同時並行的に行います。

※前まわりに入るのに不安を持つ子には、教師が補助をして、前ま
　わりを体験させます。この時の教師の補助は、子どもの倒立の出
　来具合によって変わります。まだしっかりと倒立ができていない
　子に対しては、足をしっかり持ってあげて、頭や首をマットに打
　ちつけないための補助をします。

※子ども同士の補助も、倒立をする子の力によって、補助の方法を
　変えさせます。片足をしっかりと持って補助をして倒立を決めさ
　せてから前まわりに入るやり方、補助者は片腕を伸ばしてそこに
　倒立をして前まわりをするやり方等々、子どもたちどうしで工夫
　して、自分たちに合った方法を考えるはずです。

（7）倒立前まわり

・「はい上がり倒立」からの前まわり。

・補助なしで倒立前まわりをする。

・静止の追求。

※1人で安全に倒立前まわりができることを、まずは目指します。

※友達に補助をしてもらって、そこで静止できる位置・身体（リー
　ム）の使い方等を追求します。補助者も、指一本で補助するつも
　りで、倒立者の静止できる位置を探ります。倒立する子と補助す

る子2人で追求することになります。

※「はい上がり倒立」をして、壁から足を離して静止の練習をして、前まわりをするという練習もあります。

※静止が課題になると、振り上げを弱くする傾向が強くなります。振り上げの勢いが強いと、静止できずに前まわりに入ってしまうからです。

※重心の位置、リームの使い方、リームのたわめ方、首の位置等、自分に合ったポイントを探ります。

※（1）から（7）の順番は大筋の流れですから、子どもの状態により、順番を変えるなりして、目の前の子どもたちの状態に合わせて取り組んでください。

4、子どもたちのノートより

子どもたちが自主的に取り組んだことを記録した「自由勉強ノート」から転載しました。これらのノートを読むと、子どもたちそれぞれが課題を持って取りくんでいることが分かります。授業が授業になると、子どもたちの中に課題が産まれ、自主的に積極的に子どもたちは取り組むようになります。友達と協力して追求を始めます。主体的で対話的、追求のある授業になります。

　○うで力　　　　　　　　　　　　　　　　　　　Ｉ・Ｄ
　うで立てふせや、水に入れてグーパー（おふろで）をやったら、けっこう大変だった。だけど、とう立には、いいえいきょうだと思う。うでの力は、とう立にはすごく大事だし、基本もすごく大事で

166

ある。

　ほじょありでできたとしても、体が曲がっていたらかっこわるい。なので、ほじょの人に、もっとのばしてのお願いをする。

　ほじょも大切だけど、かべとう立もすごく大事である。かべを使うときは、自分の中心の位置をたしかめる。中心を自分でみつける。

　　○　　　　　　　　　　　　　　　　　　　　　Ｉ・Ｙ

（１）やったこと

・足ふり　３０回

・とう立　１５回（１回１５秒）

・ほじょとう立　３回

・連続とう立　３回

（２）感想

　今日はとう立が終わってもどるとき、しずかにもどれたのがよかったです。連続とう立は、手の土台がしっかりできていなかったので、今度気をつけて、完ぺきにしようと思いました。

　　　　　　　　　　　　　　　　　　（５時２０分〜５時５０分）

　　○　　　　　　　　　　　　　　　　　　　　　Ｔ・Ｙ

・かべとう立　１５秒５回

・ほじょとう立　１０回

・かえる倒立　４５回

　かべとう立は、前できなかったから、たくさん練習して、できるようになった。ほじょとう立は、体がそってるとお母さんに言われて、どうしたら体がそらないかが分かった。手をまげ、顔も前、か

たを少し前にやると、とてもきれいなとう立になる。

　　　○　　　　　　　　　　　　　　　　　　　　　　　　S・K
1、やったこと
　（1）ほじょとうりつ
　（2）あしあげ（高く）　30回
　（3）きれいにちゃくち　30回
　（4）しせい　1分間
　（5）手のわっかづくり
2、感想
　（1）ほじょとうりつは、とってもきれいにできてよかったです。
お母さんが「もう一人でできそう。」と言っていたので、がんばっ
て一人でやりたいです。
　（2）きれいにちゃくちは、きのうより「ドタン」という音が消
えたので、とてもうれしかったです。
　これから、うでのわっかをきれいにして、すべてかんぺきになる
ように、がんばりたいです。

　　　　　　　　　　　　　　　　　　　（7時15分〜7時35分）

　　○とう立　　　　　　　　　　　　　　　　　　　　　　T・S
　今日も、とう立をまっすぐやるようにがんばってみました。
　Nさんまねをして、かべにぴったりとくっつくかべとう立をやっ
てみました。とう立のまっすぐはこんな感じかと、感覚はとても分
かりました。それをほじょとう立でできたらいいな、と思いました。
　かべとう立で初めて50秒止まれました。きつかったけど、初め

てできたので、うれしかったです。

　私は、Ｓさんみたいに「すっ」と上がって、Ｈさんみたいにつま
さきまで「ピンッ」となるのが目標で、２人みたいになれるように
がんばりたいです。

　○　　　　　　　　　　　　　　　　　　　　　Ｙ・Ｉ

１、やったこと

・おふろそうじ

・タイム倒立

　　１回目　４１秒７２

　　２回目　３９秒５０

　　３回目　３５秒５３

　　４回目　３４秒４０

　　５回目　３１秒８１

・手のつく位置がとおくなっていく倒立（まきじゃくで計った　か
　べから中指までのきょり）

　　１回目　３５ｃｍ

　　２回目　５５ｃｍ

　　３回目　６９ｃｍ

　　４回目　７９ｃｍ

　　５回目　８３ｃｍ

　　６回目　８６ｃｍ

　　７回目　８８ｃｍ

　　８回目　９１ｃｍ

　　９回目　９２ｃｍ

１０回目　９３ｃｍ
・連続倒立
　１回目　１４回
　２回目　１６回
・せなかぺったり倒立　５回
・倒立　１５回以上
２、感想
　＊倒立のこと＊
　今日は倒立のわざをたくさんやりました。最初は、Ｓ君が名づけた「タイム倒立」をやりました。１回目から５回目にかけて、だんだんタイムがおちていて、ショックでした。

　次に、Ｎさんがやったといっていた、「手のつく位置がどこまでとおくなっているか倒立」を、まきじゃくで計ってやりました。これは、１回目から１０回目にかけて、だんだんきょりがとおくなっていて、私の最高のきょりが９３ｃｍでした。とってもうれしかったです。また次回もやりたいと、思いました。

　次に、つかれていたけど、連続倒立をやりました。ずっと前は２１回もできたけど、つかれてたせいか、１６回しかできませんでした。今度は、一番の記ろくをぬかしたいとおもいました。

　そのまた次に、「せなかぺったり倒立」をやりました。自分では、上手にできているか、どこがダメか、見れないので分からないけど、なんとなく上手にできていると、感じました。

　そのまたまた次に、ふつうの倒立をしました。これは、昨日やって、自分がどこを気をつけるか決めたので、しっかりと決めたことをやりました。足のつま先までピンと、おりる時やかべにつく時も

静かにする。足のつま先までピンとなっているし、おりる時も静かにできたけど、かべにつく時は「ドン」となってしまうので、気をつけたいです。

　手をどう開くとやりやすいか、手の向きもしらべました。

　♡おふろそうじのこと♡

　今日もせんざいをおおくつけないでやりました。家族みんなが気持ちよくおふろに入れるように、と思いながらやりました。

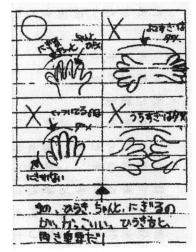

おふろそうじは楽しかったです！

（5時39分23秒〜6時14分33秒）

　○とう立の研究（とう立前回り）　　　　　　　　　　　　K・K

①かまえ

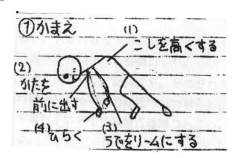

（1）こしを高くすると、少しのふり上げでできるため。

（3）うでをリームにすると、くずれにくくなりバランスがとれ

る。
　（4）指をしっかりひらくと、にぎりやすくなるため。
②ふり上げ・止まる

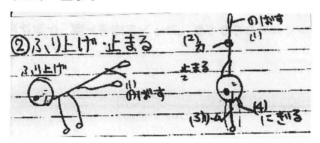

＜ふり上げ＞
　（1）のばすときれいなふり上げになるため。
＜止まる＞
　（1）のばすときれいなとう立になるため。
　（2）ひざのうらに力を入れるときれいなとう立になるため。
　（3）リームは、体がもどりそうなとき、リームにすると長く止
　　　まれる。
　（4）体が回りそうになったとき長く止まれるため。
③回る
　（1）うでをゆっくりリームにし、頭を入れる。
　（2）せなかを丸めると、せなかをうたないため。
【まとめ】
　これを全部守れば、完ペキなとう立になる！！

　　○　　　　　　　　　　　　　　　　　　　　　　　H・H
＜やったこと＞

・かべとう立（１０回）

・ほじょとう立（５回）

・うでの力（５回）

＜感想＞

　今日は、おばあちゃんの家でやった。かべとうりつは、何回も何回もやってもできないから、おばあちゃんに少しほじょしてもらって、そしたら１０回のうち１回だけ１３秒できたので、うれしかった。これからもタイムをのばしていきたい。

　ほじょとう立は、２１秒できた。とってもうれしかった。

　うでの力は、おばあちゃんにおされても動かないようにした。

＜おばあちゃんからのコメント＞

　毎日毎日よく頑張って練習しています。

　もう今日はこの位でいいんじゃない？　と、私の方が音をあげても、まだまだやる！　と言って、頑張りました。

　最初の内は、やってもやってもできない自分がくやしくて、"なんで、こんなに頑張っているのに、私にはできないの？"と言って、泣いていました。

　でも、次の日、できないところは、"加藤先生がこうやるとできるようになるよ！"と、教えてもらったと言っては、又、言われた通りに練習していました。

　その甲斐があり、足がよく上がるようになりました。

　加藤先生のご指導には、いつもいつも頭が下がります。ありがとうございます。

（６時３０分〜６時５５分）

173

5、マット運動全般について

（1）基礎・基本の運動

・走る……これはジョギングの走り方とは違います。腕は肘をリラックスして伸ばして、胸を張り、腰を中心にしてリズミカルな走りです。前後走を入れることもあります。

・足じゃんけんとおんぶ歩き……つま先を使っての足じゃんけんをさせます。連続で１０回ほどじゃんけんをさせます。体幹を使ってのおんぶです。今の子は、おんぶをするという経験は意外と少ないものです。

・手押し車……床をつかみ、手で床をかくように歩きます。腕はリームにします。

・うさぎ倒立……マットをつかむ。腕はリーム。腰を上げて止まる。着地は静かに。肩を前に出す。

・うさぎ跳び……マットをつかむ。手でマットを突き放す。足の引きつけ。

・ゆりかご……大きなゆりかご。足をお尻につけるように引きつけて立つ。

・ふんすい〜えび……肩倒立。えびの姿勢（首の柔らかさ）。えびの姿勢から一気に立つ。

※「ゆりかご」は、肩倒立にもつながります。また、技の最後に立つときに手でマットを押して立つのではなく、足を引きつけてお尻につけるようにして立つこともできるようになります。

※私は、どの学年を担任しても、「ゆりかご」を指導します。前まわり系の技、後ろまわり系の技につながる（基礎・基本）からです。

※中学年まででしたら、「ふんすい〜えび」を技として完成させる
　ように取りくんでも良いと思います。子どもの心と身体を育てる
　のに重要な技です。

（2）前まわりの系統性

　以下に述べる前まわりの系統は、どの学年でも使えるやり方です。
低学年ならば①〜③をやり、中学年ならば子どもたちの状態によっ
ては全部できるでしょうし、高学年は全部をやると良いと思います。
⑤と⑥は、④の後にやるということではなく、子どもたちの必要に
応じて、入れていきます。

①前ころがり（でんぐり返し）

※子どもたちに「前まわりをやってごらん」といってやらせると、
　ほとんどの子はでんぐり返しをします。手をいい加減について、
　足でけって勢いよくまわる、これがでんぐり返しです。子どもの
　状態を見るために、行います。1〜2回やらせれば充分でしょう。

※子どもたち一人ひとりが、どんなまわり方をするかよく見ておい
　て、次に何をするか、授業の計画を考えます。

※手をしっかりついている子、首を入れている子、背中を丸くして
　いる子、手を使わずに立ち上がれる子などを探しておいて、次の
　指導に生かしていきます。

②小さな前まわり

※手をマットにしっかりとついて、肘を曲げて身体を小さくしての
　前まわりです。安全に回れればよいわけです。これにも時間はか
　けません。

※前まわりの最後に両足を揃えて立つことを教えます。基本中の基
　本ですが、こういうことをおろそかにしていると、次の技に移っ

た時に弱点として出てしまいます。

③蹴らない前まわり

※足で床を蹴らない前まわりです。この学習が低学年・中学年では中心となります。

※両手の指を開いて、マットをつかんで、腕をリームにして使って、体重移動だけでまわります。

※子どもたちにとっては、この技は結構難しいようです。

※最初は、頭をおへそにつけるような姿勢のまま、前にまわります。「鼻をおへそにつけなさい」と声をかけます。

※次に、顔を前方に向けて、まわる寸前に頭を入れて（それがスイッチとなって）、前まわりをします。

※肩に重心を移していくと、足はかかとが上がり、つま先だけになり、その後でまわります。

※どうしても床を蹴ってしまう子には、足を裏返した姿勢から始めさせます。

④ザ・前まわり

※高学年（中学年でも可能でしょう）では、この学習が中心になります。

※③の蹴らない前まわりの決定版です。大きな前まわりとなります。

※手と足の距離を、子どもの力に応じて、離していきます。手と足が離れている方が難しくなります。

※足を裏返した状態で、足を体に引き寄せながら、体重を腕の方に移動させて、重心移動で前まわりをします。

※腕に体重がのせられない子は、腰が高くなるだけで、前まわりにはつながりません。

※頭を起こした（マットの先を見る感じで）態勢で足を引きつけます。全体重が腕にのった時に、頭を入れて前まわりをします。構えて、頭を入れて、まわり、立つまでの、流れるようなリズムが重要です。

※全体の流れ・リズムも重要です。＜自分の座っているところから歩いてくる。深呼吸をして技のイメージをつくる。手をマットについて構える。腕に体重移動しながら足を引きつけてきて、前まわりする。立つ。深呼吸して脱力する。歩いてもどる。＞　この一連のリズムを大切にします。こういうところで子どもの心を育てます。

⑤うさぎ倒立からの前まわり

・うさぎ倒立とは、マットに手をついた姿勢で、膝を曲げたまま、お尻だけを上げる技です。膝を曲げた倒立です。

うさぎ倒立

※最初は、前まわりはせずに、最初の姿勢に戻ります。それができたら、前まわりまでやらせます。背中をマットに「ドン」と打たないように、腕を使わせます。

※うさぎ倒立の状態で、1秒でも止まれるように練習します。

※うさぎ倒立から戻るときは、静かに着地します。

※うさぎ倒立で静止するためには、静かに着地するためには、肩が前に出て、リームが使える必要があります。肩が前に出せない子は、静止できないし、ドタンと音を立てて着地してしまいます。

⑥腕立て伏せからの前まわり

・腕立て伏せの姿勢（手は前まわりのようにリームにしてマットをつかんで）から足を引きつけてきて、前まわりをします。足は裏

返してやります。顔は起こして、前を見ます。

※腹筋、背筋がないと足を引きつけることができません。

※最初は、つま先歩きをして足を引きつけてもよいということにします。また、靴下でやると、床を滑ってやりやすくなります。

※腕に体重が乗せられるようになると、裸足でも足をスーッと引きつけられるようになります。足を引きつけながら「ザ・前まわり」をやるわけです。

※⑤と⑥の前まわりは、④ザ・前まわりの途中で、必要に応じて入れていきます。

6、個人の課題と学級課題の問題
……授業を構成するうえで大切な問題

　教師は、子どもたち一人ひとりの技を何度も見て、それぞれの課題（個人の課題）を分析する必要があります。しかし、それだけでは授業はできません。個人の課題だけで授業をすると、それは個別指導だけの授業になってしまうからです。授業は、子どもたち一人ひとりの課題をつなげ、組織するところから始まります。一人ひとりの課題を分析して、クラス全体で追求する課題を教師が見つけ出さなくてはなりません。それをクラス全員で追求すると、一人ひとりの子どもたちのそれぞれの課題が解決するばかりでなく、次の課題がそれぞれの子に新たに見えてくるものです。そういう課題を、私は学級課題とよんでいます。

　学級課題は、一時間一時間の授業によって発展していきます。（次ページの図参照）

　「子どもの課題1」は、子どもたちがそれぞれ決めた課題で、同

178

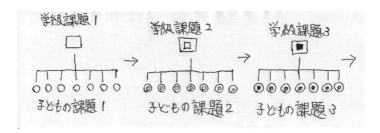

じ課題の子もいれば全く違う課題の子もいます。教師は、その子ど
もたちの決めた課題と、子どもたちの技の特徴を分析して、「学級
課題1」を決めて授業を組みます。その授業の結果から、子どもた
ちは「個人の課題2」を決めて練習をします。その様子から教師は、
「学級課題2」を考えます。絶えず、子どもの状態を見て、子ども
たちの様子から、教師は学級課題を考えます。教師の教材解釈と子
ども理解によって、それらは決まってきます。

　子どもの個人の課題と学級課題の関係について、具体例を挙げて
おきます。次に載せる文章は、私が同僚のIさんのクラスで行なっ
た介入授業の感想です。

　Iさんは6年生の担任で、体育の研究授業のために意欲的に取り
くんでいました。しかし途中で行き詰まってしまいました。そこで、
私が介入授業をすることになったのです。その行き詰まりとはこう
いうことです。

＜Iさんの文章より＞

　「研究授業に向けて、体育の授業に取りくんでいた。しかし、集
中して取りくんでいる美しさをあまり感じなかった。授業をしてい
ても、一人一人がやってはいるもののクラスとしてはなっていなく
て、あくまで個人の練習の場になっているように感じていた。個人

の課題は少しはわかっても、クラスの課題は全然見えなかった。」

　そこで、私は、学級課題を明確にするという介入授業をやりました。その様子を、Ｉさんは下記のように書いています。

＜Ｉさんの文章より＞

　「後半、補助倒立をしたときによい子を探している時、私はだれがよいか全然わからなかった。しかし、加藤先生がぱっぱっと名前を呼びＥさんとＩさんにやってみさせた。ＥさんもＩさんも決して倒立がうまいわけではない。二人ともとてもよくがんばっていたし、その姿が技にも出ていて、美しいなぁとは思っていた。しかし、身体が大きく、補助倒立は補助者にぐっと持ち上げてもらってやっと上までいけるＥさん、振り上げで自分であがらないＩさんは、美しいなとは思いつつ、私はみんなの前でとりあげることはなかった。美しさがあるにも関わらず技として完成度の低い子はみんなのお手本の対象からは、私が勝手に省いていたのかもしれない。だから、加藤先生が二人の名前をぱっと呼んだときに、えっ……この二人？と思ってしまった。

　呼ばれて前に出てきた二人は、少し照れながら前に出てきてみんなが集中して見ている前でやった。自分の振り上げでは上がらないものの、その倒立は足の先まで気持ちが入っていて、ぴしっとしていて美しかった。加藤先生がその倒立をみんなの前でバンと認め、『こういう倒立がいいんだ！』というようなことを言った。加藤先生の言葉は、当たり前だけど、本当に心の底からいいなぁ、と思ってその倒立の美しさを感じて出ている言葉だなというのをすごく感じた。見ている子ども達の心にその言葉はすーーと入っていくのを感じた。その子ども達の目は、ＥさんもＩさんも、明らかに、倒立

のできない子ではなく、倒立の美しい子であり、美しさを感じていたように思えた。そして、EさんとIさんはすごくがんばっていた。いつもより長い時間倒立をしていたにも関わらず、ふんばっていた。その姿がまた美しかった。終わって、自分の場所に戻る顔が、またなんとも恥ずかしそうな、でもとてもうれしそうな感じだった。みんなの前でやることは、二人の技に向かう心を育て、それは技の上達にもつながっていくんだなと感じた。

　加藤先生のような子どもの取り上げ方をすることを続けていくと、技のうまい、へた、できる、できない、というクラスではなくなり、できる子が優越感を感じたり、できない子がいじけたりすることがなくなり、それぞれの良さを心から美しいと感じ、感動できるのだろうと思った。」

　この授業で、私は、EさんとIさんに補助倒立をやってもらいました。二人とも補助倒立はまだできていないのですけれども、Eさんは腕の使い方（リーム）がとても良かったし、Iさんは足の先まで伸びていてきれいでした。私は、二人の良さを拡大して子どもたちに話しました。この後、子どもたちは、友達の良さを吸収しようと、各自練習を始めました。「腕をリームにする」「足の先まで気持ちを入れる」という学級課題が明確に子どもたちに入った瞬間なのです。

　授業とは、炭火を積み上げるようなものだと、斎藤喜博氏はよく話していたそうです。「子どもたち一人ひとりの課題を積み上げていくと、ある瞬間、子どもたちの心に火がつきボッと燃え上がることがある。」と。体育の授業は、そのことを実感するのに適していると、私は考えています。

3年 理科「光を当ててみよう」の授業

　この記録は、光の授業の中の「光の反射」に焦点を当てた授業です。この内容は、中学校で詳しく取り扱うのかもしれませんが、小学校での取り組みと、子どもの様子を記録としてまとめてみました。こういう単元の扱い方に疑問を持つ人がいるかと思いますが、一つの問題提起と考えてください。

　<自己評価>
①子どもたちは、光の反射の不思議な世界に驚き、よく考えていました。3年生でも、これだけの長い文章が書けるし、内容も具体的です。それにも驚かされました。不思議な事実に出会った時、子どもたちの心の中にいろいろなことが起きるのでしょう。目の前の事実を正確に詳しく書いています。理科の授業では、文章表現力も鍛えることができます。
②子どもたちは、鏡だけが光を反射すると考えていましたが、「反射しない物はなんだろう」「自然に生えている木は光を反射しているのだろうか」と考えるようになりました。子どもたちの、物を見る目が広がったこと、一つの視点から他のことにまで広げて考えられるようになったこと、理科の授業の魅力だと思います。
③K子さん（友達に批判されがちな子）が「反射しない物はないんじゃないの」と発言し、その考えを他の子も納得して、学習の中

心となりました。こういう事実が重なると、友達を固定的に見ることが少なくなり、事実で判断するようになります。

1、教科書のねらい（啓林館）

教科書では、次のねらいになっています。

①鏡などで日光をはね返し、物に当てたり集めたりして、物によって明るさやあたたまり方に違いがあることを比較しながら調べ、光は直進すること、物の表面で反射すること、および重ねることができることをとらえることができるようにする。

②日光などの光が、身の回りの物に当たったときの現象に関心をもち、物には光を反射するもの、透過する物、あたたまりやすい物があるという、物の性質についての見方や考え方ができるようにする。

※光の性質を扱うということです。光の直進性、反射、透過、熱吸収などを扱うとしています。

2、この教材をどう扱うか

教科書の通りやると、②では「物には光を反射する物と反射しない物とがある」と子どもたちが理解してしまう危険性があります。

そこで、次の2点について扱おうと考えました。

①すべての物が光を反射しているということを、いろいろな材料を使って経験させる必要があると考えました。光を反射しているから物は見えるのです。遠くの山が見えるのも、山に当たった光が反射して、目の中に入りから、見えているのです（ここまでは小学校では扱いませんが）。

②色も反射しているということ、これも扱おうと考えました。これは結構複雑な問題ですが、小学生には、「色も反射する」と押さえておこうと考えました。だから、物が青く見えたり赤く見えたりするんだと、考えさせようと考えました。

３、授業の方向性

（１）色の反射から入る

　色が反射するという事実は、子どもたちにとって驚きでしょう。物が見えるということは、物がその形や色を反射しているから、それが人間の網膜に映るから、人間はその物の形や色を認識できるのです。小学生にはここまでは教えませんが、「光だけでなく色までも反射するんだ」という事実を示すことによって、いろいろな物質が光（色も温度も）を反射しているという事実に注目させたいと考えました。

（２）いろいろな物を使って、光を反射させてみる

　子どもたちは、表面がつるつる、ぴかぴかしている物だけが光を反射すると考えています。鏡やアルミ箔などだけが光を反射すると考えているはずです。それを揺さぶりたいと考えました。普通の画用紙が、色画用紙が、子どもたちの着ているフリースが、光を（色を）反射しているという事実を実験で子どもたちにぶつけて、その事実を子どもたちがどう考えるかを探りたいと考えました。

４、実際の授業で

（１）光は直進する。

　・鏡を使って、光でまと当て、光のリレーをする。

（2）光を集めると熱も集まる。

　　・鏡を使って、温度計に光を集めて、温度の上昇を見る。

（3）光をはね返す物、はね返さない物。

　①光を反射する物を探そう。

```
実けん3
　光を反しゃするものをさがそう！
```

　子どもたちは、いろいろなものを持って、外に飛び出していきました。

＜子どもたちが実験したものと結果＞

◎…よく反射した　○…少し反射した　？…分からない

　・ふでばこ…○　　・ビー玉…○　　・ビーズ…？

　・セロテープ…◎　・はさみ…◎　　・じょうぎ…◎

　・液体のり…？　　・コイン…◎　　・下じき…◎　　・すず…○

　・けしゴム…○　　・ピンどめ…◎　・えんぴつ（芯も）…○

　・教科書…◎　　・コンパス…○　　・ノート…○　　・ＣＤ…◎

　・白い紙…○　　・名ふだ…◎　　・木の板…○　　・石…○

　・えんぴつのキャップ…○　　・ポケットティッシュ…○

　②ビーズやノリは光を反射するのか。

```
問題1
　ビーズは反しゃするのか？
```

意見が分かれているビーズと液体のりを取り上げて、実験することにしました。Sさんがノートに「ビーズはちっちゃすぎて、反射してるか、反しゃしてないか分からない。」と書いていたので、この発言から授業に入りました。

T　大きいビーズはないかな？

C　ぼくは、セロテープをやったんだけど、反射したから、ビーズとにてるから、ビーズは反射すると思います。

C　下じきで反射させたら、色も反射したし、ビーズとにているから、ビーズも反射すると思います。

> 問題2
> 色は反しゃするのか？

T　さっき、S君が色も反射したって言ってたけど、本当？

C　するよ。ぼくの下敷きに黄色いピカチューがかいてあるけど、それが影に映った。

T　え？　それって、透き通っていってできた影でしょう？（黒板に、透過した影と反射との違いを書いて説明した）

C　違うよ。反射した。

C　私のセロテープは赤なんですけど、赤い影ができた。

> 実験4
> のり（えきたい）は、はんしゃするか？

T　のりは、反射するんだろうか。

C　透明だから、しないと思う。

C　私の透明の下敷きが反射したから、すると思う。

T　透明の物は反射するの？

C　私は、透明のCDは反射しないと思っていたけど、反射した。

（T　透明のセロハンテープで反射することを確認する。）

T　水は反射しないの？

（C　全員が反射しないと言う。）

（T　バケツの水で実験する。水でも反射するということを確認する。）

C　そういえば、プールの時、屋根にきらきらと反射していた。

　「光を反しゃする物をさがそう」「ビーズは反しゃするのか」「色は反しゃするのか」と進んできました。子どもたちは、いろいろな物が光を反しゃしていることに、驚いていました。子どもたちのノートより、いくつか載せます。

　「ぼくがふしぎだなと思ったことは、クーピーのはこやきょうかしょなどのことです。ぼくは、光をはんしゃするのは、鉄とばかり思っていました。だから、プラスチックがはんしゃするとは思わなかったので、びっくりしました。」

　「なぜ、のりやしたじきなどははんしゃするのかなーと思いました。わたしは、かがみだけがはんしゃすると思っていました。でも、まえじっけんして、三角じょうぎとかかみは、はんしゃするんだとはじめてしって、とってもおどろいて、『かみもはんしゃするんだなー。』と思い、びっくりしました。」

「わたしは、Ｓ君が、色も反しゃすると言った時、わたしは、心の中でびっくりしました。わたしは、ちょっと考えて、思いました。自分があるいていたときにようふくの色が反しゃするのか、ぎ問です。」

※子どもたちは、今までの自分の認識を揺さぶられて、新しく発見をして、それを発展させた疑問を持っています。こういうことが理科の面白さです。実験で分かったことだけでなく、それを発展させて、自分の生活の中でも考えるわけです。

　この後から、段ボールで作った実験装置を使って、実験をしました。この実験装置は、反射の色を見やすくするための装置です。縦・横・深さが３０ｃｍ～４０ｃｍの段ボール箱を使います。上の蓋は取り去って、内側のの全ての面に白い画用紙を一面に貼り付けます。こうすると、薄い色でもはっきりと見えるようになります。

実けん５
　色画用紙の色は、反しゃするのか。

　子どもたちの予想は、半分が「反射しない」となりました。理由としてあげられたものは、「つるつるしていない」「ひかっていない」「ざらざらしている」などでした。
　「セロファンの色ははんしゃするけど、色画用紙は、つるつるしてないし、ざらざらしているから、色ははんしゃしないと思います。」としっかりとノートに書いた子もいます。

しかし、実験の結果に、子どもたちは驚きの声をあげました。

＜子どもたちのノートより＞

「けっか……色画用紙は、色もいっしょに反しゃしました！　しないと思っていたので、すごくびっくりしました。

　あと、先生が用意してくれた太いゴムも反しゃしました。すごいなぁって思いました。おり紙の金、銀はあたりまえのように反しゃしました。金、銀は、水が反しゃしているようでした。」

「ぎ問……どうして、色画用紙は光ってないのに反しゃするのかな？　って思いました。ふしぎだなぁ。」

「よそう……たぶん反しゃしないと思う。

　理由……この前、かとう先生が黒い紙でやったら、光は反しゃしたけど黒い色は反しゃしなかったから、色は反しゃしないと思います。でも、よくわからないんだよなぁ。でも、おりがみの金と銀とかキラキラしているおりがみはべつなんだけれどね。

　けっか１……おく上でやってみたら、見づらいけど、少し反しゃした。でも、なんでつるつるじゃないのに反しゃしたのかなぁ。わたしの中ではまだまだなぞのままです。

　けっか２……ゴムが反しゃした！　うす暗いけど、ゴムが反しゃしたのだったら、女子がつけてくるゴムも反しゃするのかなぁ。

　ぎ問……紙は紙でもつるつるのとガサガサの紙がある。でも、そんなのはあんまりかんけいないんだよね。だって、ガサガサの紙で反しゃするかどうかやったら反しゃしたんよ！　でも、なん

でガサガサなのに色も反しゃしたのかなぁ。ふしぎだよねぇ
……。」

※今までの実験で、鏡、定規、金属、下敷きなどのつるつるして
光っている物が光を反射すると子どもたちは考えていたわけです。
そこへ、つるつるしていない、光ってもいない紙が、色も含んで
反射しているという事実を目にしたのです。

※子どもたちの素直な驚き、疑問に感動します。子どもたちは、
「反射する」「反射しない」という予想を持って実験をしたのです
から、特に外れると、その衝撃は大きいものです。「ああ、そう
いう結果なんだ」と単に受け止めるのではなく、受け止めたうえ
で、次の疑問へと思考が発展していきます。

※子どもたちは、動き出しました。自分で工夫して、いろいろな実
験を始めるのです。子どもたちが自ら動きだすことを、私は「子
どもが遊びだした」と表現します。「遊ぶ」というのは、やらさ
れているのではなく、進んで工夫して意欲的に動き出すという意
味です。理科という教科では、学校だけでなく家でも実験をする
子が出てきます。子どもたちの心に火がついたのです。

　授業では、反射すると予想できる物の特徴をまとめました。「つ
るつる、ぴかぴか、自分の顔が映るもの」と子どもたちは、まとめ
ました。
　また、反射しないと思う物もあげてもらいました。子どもたちは、
ざらざらする物と言いました。そして、例として、布や木をあげま
した。
　そこで次の実験をしました。

実けん6
ぬのや木は反しゃするのか？

　この実験に対しての予想は、ほとんどの子どもたちが「反射しない」と考えました。当然です、大人だってそう考えるでしょう。
　この実験では、子どもが着ていたジャンパー、トレーナー、フリースを使いました。そのほかに、白衣、ベニヤ板、段ボールなども準備しました。それを光に当て、段ボール実験装置の中に反射させました。
　実験の結果は、すべてが反射しました。段ボール実験装置の内側に、はっきりと光と色を映し出したのです。その事実に、子どもたちは驚き、そしていろいろと考えました。

＜子どもたちのノートより＞
「○ぬのについての自分の考え…わたしは、そんなに反しゃしないと思う。
・理由……理由は、やっぱり光っていない。Sくんのフリースもしないと思う。少しモワモワしているから。でも、フリースのファスナーは反しゃする。木も、反しゃしないと思う。理由は、ごつごつしているから。あと、光ってない。
・けっか……なっなんと反しゃしました！！　よそうは、はずれちゃった。Sくんのオレンジのフリースが反しゃしたってことは、わたしもオレンジのフリースもってるから、反しゃする！？　じゃあ、プロペどおりとかで、みんながフリースきてたら、きっとす

ごく明るくなるんだろうなぁ。」

「○ダンボールは反しゃするか？　…ダンボールは反しゃすると思
いました。理由は、なんか、色画用紙でそんなに光ってなくても、
反しゃすることがわかったから。そのかわり、かがみのようには、
よく反しゃしない。でも、反しゃすると思う。
・けっか…反しゃしました！　おく上で、先生がダンボールの箱で
かげをつくってじっけんしました。けっこうダンボールの箱の中が
明るくなりました。すごいなぁ。」

「○板は反しゃするか？　……わたしは、反しゃしないと思ってい
ました。でも、反しゃしました。その板は、大きい板だったので、
ダンボールの箱の中がすごく明るくなりました。なんで反しゃする
んだろう？ふしぎだなぁ。」

「○白いぬのは反しゃするか？　……わたしはすると思っていまし
た。なぜかというと、Ｓくんのフリースも反しゃしたからです。
・けっか…反しゃしました！　いままでに、こんなにいろいろな物
を実けんしてきたのに、反しゃしない物ってなかったなぁ。反しゃ
しない物はなんだろう？」
※子どもたちが反射しないと考えた物が反射して、色まで反射する
　という事実に接することで、子どもたちは自分の認識を書き換え
　るだけでなく、それを発展させて、さらなる疑問を持ちます。
※光が反射するということは、光も色も温度も反射するということ
　なのです。当たり前のことかもしれませんが、この事実に子ども

192

たちは出会ったということです。

※結果を予想して実験して、そしてその結果を考察させます。その繰り返しで自然現象への認識が確かなものになっていきます。そして新たなる疑問も湧いてきます。科学的思考と創造性をはぐくむ理科の授業です。

　最後に、斎藤喜博氏の言葉を引用して終わります。斎藤喜博著「授業と教材解釈」（一莖書房）より

「とくに理科の授業の場合は、でき上がっている結果をそのまま理屈として教え込むのではなく、子どもたちに深く体験させ、観察させ、子どもたちに豊富な疑問や考えをつくらせ、実感としてとらえさせるということが必要である。」

「ほんとうにわかるということは、子どもたちが事実にぶつかり、事実に驚いたり疑問をもったりし、対象に興味を持って観察し実験していったときはじめて生まれてくるものである。『科学的』ということもまた同じである。」

詩「クロツグミ」と「下駄」の指導案

この指導案は、あくまでも一つの案です。いろいろな授業が可能だと思います。

一時間でやる授業も可能ですし、子どもに意味調べをさせたり、問題作りをさせたりして、数時間かけるやり方もあります。朗読を中心にした授業も可能です。暗唱させて、身体表現をさせることも可能です。

授業をする学年やクラスの状況に応じて、さまざまなに工夫してみてください。重要なことは、この授業をとおして、目の前の子どもたちの何を育てたいのか、を明確にしておくことです。

そして、授業記録を録音（録画）して、文字に起こして、それをもとに授業研究することをお勧めします。

I　詩「クロツグミ」（高村光太郎）本時の展開
　　……一時間での授業（高学年）

1、教材

　　　クロツグミ　　　　　　　高村光太郎
クロツグミなにしゃべる。
畑の向うの森でいちにちなにしゃべる。
ちょびちょびちょびちょび、

194

ぴいひょう、ぴいひょう、

こっちおいで、こっちおいでこっちおいで、

こいしいよう、こいしいよう、

ぴい。

おや、そうなんか、クロツグミ。

２、ねらい

　詩の構造を明らかにして、作者がクロツグミと心の交流をする心情に迫る。

３、展開の角度

（１）朗読について

　子どもたちは、ひらがなの多い詩なので、朗読には抵抗がないであろう。最初の朗読、大体の意味が分かった段階での朗読、作者の心情が分かっての朗読等、子どもたちにたくさん朗読をさせたい。朗読を通して、詩のリズムを感じとらせたい。学年によっては、朗読遊びをさせてもよい。

（２）詩の構造について

　最初の二行について、叙述を正確に読みとらせる。クロツグミがどこにいて、作者がどこにいるかを正確に読みとれない子どもたちがいるかもしれない。その場合は、時間をかけて子どもの読みとりを聞きだして、吟味していく。「畑の向こうの森」の読みとりが重要になる。子どもの読みとりの状況によっては、ここが授業の中心になることもありうる。

それが正確に読みとれているクラスならば、森にクロツグミがいて、畑があり、作者がいるという位置関係を子どもに黒板に描かせる。「作者はどこにいるか」には、畑の端と考える子が多いかもしれないが、畑から離れたところにいるという考えが出るかもしれない。離れたところにいるという考えを認め、補強する。そう考えている子たちに、少し突っ込んでイメージを聞いてみることも、良いかもしれない。作者はどこにいるのか、何をしているのか、一人なのか、どのくらいの時間聞いているのか、等々。漠然としたイメージでよいので、子どもに言ってもらう。

　授業の中盤は、「ちょびちょびちょびちょび」から「ぴい」までは、だれが言っているかを問う。「こっちおいで」「こいしいよう」をクロツグミが言っていると考える子は少ないかもしれない。高学年ならば、作者がそう聞いているという考えが、少数だが出るだろう。それぞれが、自分なり意見を言える、討論できるという力を養う。
　「作者にはそう聞こえた」「翻訳した」という意見に対しては、論として確認し認める。その上で、句読点を論拠に、全部クロツグミの声であることを確認する。

　ここから終盤。
　「こいしい」の意味を確認してから、「おや、そうなんか」を問題にする。ここは、子どもたちに自由に考えさせる。中盤までの内容が入っていれば、作者の気持ちに迫った発言が出るだろう。それに対して、作者の状況を説明しながら、教師が補強する。

4、本時の展開

＜本時のねらい＞

○叙述に即して正確に読みとり、クロツグミと心を通わせている作者の心情に迫る。

展開の核（発問）	予想される子どもの反応	結晶店（到達させたいねらい）	予想される難関
○朗読　指名読み 　（数人） ○何が出てくるか。 ○クロツグミはどこにいるのか、作者はどこにいるのかの絵を描かせる。（黒板に） ・作者は何をしているか・どこにいるのか・一人暮らしか・家族はいるのか・いつ頃聞いているか、など聞いてもよい。 ○朗読 ・絵を思い浮かべながら朗読する。	・語尾をどう読むか。質問するように語尾を上げて読むかもしれない。高学年には下げて読む朗読をさせたい。 ・クロツグミ ・作者 ・クロツグミ…森 ・作者…畑（の端） ・作者のいる位置については、全員が違ってもよい。 ・自由に、自分がイメージしたことを発表する。	 ・クロツグミと作者の位置関係を正確に読みとらせる。 ・作者は、畑の端にいる、離れたところにいる、の両方出たら、離れているという考えも認め、補強する。	・「おや、そうなんか」をどう読むかを教師が聞き分けられるか。・子どもたちがのってこないならば、いろいろな朗読をさせてもよい。早い朗読、ゆっくりな朗読、内緒話の朗読、一息での朗読など。 ・作者は森にいるやクロツグミが畑にいるなどが出た場合は、きちんと時間をかけて解決する。 ・子どもがどこまでイメージできているか、さぐる。または、布石とする。

○クロツグミが おしゃべりして いるところはど こか。 ・番号をふらせ て、意見を言わ せる。 ・句読点で決定 する。	・何種類出るか ・「こっちおい で」「こいしいよ う」をどうとる か。 ・子どもたちは、 議論できるだろ うか。	・それぞれの考 えと理由が言え る。 ・友達の意見を 聞き、自分の意 見の理由が言え る。 ・すべてクロツ グミの声で、作 者にそういうふ うに聞こえた。	・ここが授業の 中心。 ・正解が早めに 出た場合は、な ぜ人間の声のよ うなものが鳴き 声に混ざってい るのかを、問う。 ・鳴き声が作者 の心情を表すと いうこともある という話をする。
○教師朗読 ・「そう」は何を 指しているか。 ・「こいしい」ど ういう意味か。 ○「おや、そう なんか」どんな 気持ちで言って いるか。 ・作者について の説明。 ○朗読	・こいしい ・さびしい ・会いたい	・恋しい ・自由に想像さ せる。	・作者のその時 の状況、光太郎 山荘の話をどれ だけ子どもに入 れられるか。

II　詩「下駄」（高村光太郎）本時の展開
　　……一時間での授業（中・高学年）

1、教材

　　　下駄　　　　　　　　　　高村光太郎
地面と敷居と塩せんべいの箱とだけがみえる。
せまい往来でとまった電車の窓からみると、
何というみすぼらしい汚ならしいせんべ屋だが、
その敷居の前に脱ぎすてた下駄が三足。

その中に赤い鼻緒の
買い立ての小さい豆下駄が一足
きちんと大事そうに揃えてある。
それへ冬の朝日が暖かそうにあたっている。

2、解釈

　「みすぼらしい」「汚ならしい」せんべ屋を見た時には、これ本当
にせんべ屋？　こんなせんべ屋があるのか！　ここでは買いたくな
いな、などと驚いたことであろう。「何という」は、あきれてしま
うほどということであろう。

　「だが」が重要だ。「みすぼらしい汚ならしいせんべ屋だが」、敷
居の前にある下駄を見た時に作者は、その下駄の様子から、そのせ
んべ屋に住む人たちのやさしさ、温かさを感じ、すがすがしい気持
ちになり、心がほっこりとしたのであろう。

3、展開の角度

　難しい漢字が多いが、フリガナはふらない。分からないことは飛
ばして分かるところから考えるという学習方法を、ここではとる。
また、分からないなりに類推したり、分からないことを分からない
と言える子どもたちにしたいと思う。そういう学習訓練にも使える
教材である。

　前半は、子どもたちに分からない言葉を出させながら、子どもた
ちとやり取りをして言葉の意味を入れていく。子どもたちがイメー
ジできるような説明が必要である。

大体の意味が分かったら、「地面と敷居と塩せんべいの箱とだけがみえる」の絵を教師が黒板に描く。子どもたちと大雑把なイメージを共有するためである。ここまでで、２０〜３０分はかかるであろう。ここを省略すると、後半の内容が入らなくなるので、ていねいに扱う。

　ここから後半に入る。敷居の前に置かれた下駄の絵を子どもたちに描かせる。下駄は全部で３足の子と４足の子がいるであろう。４年生では４足の子が多いだろうが、５年生、６年生と学年が上がるにつれて、３足の子が多くなってくるであろう。
　黒板に、数名の子に絵（３足と４足両方）を描かせると、それを見て違う違うという声があがるであろう。子どもたちから課題が出たということである。
　３足、４足のそれぞれの論拠を出させる。「その中に」の用法が問題になるだろう。子どもたちから出た用法を、全員に分かるように板書する。２種類の用法は両方正しいと認めたうえで、この詩での用法を確認する。

　最後に「それへ冬の朝日が暖かそうにあたっている」のを見た、作者の気持ちを問題にする。ここは、自由に言わせる。最後に教師の読みを「かもしれませんね」という程度に話す。「それへ」は赤い鼻緒の豆下駄を指すと、私は考えている。

4、本時の展開

＜本時のねらい＞

文章を正確に読みながら、作者の心情に迫る。

展開の核（発問）	予想される子どもの反応	結晶店（到達させたいねらい）	予想される難関
○朗読・指名読み。 （数人）	・読めない漢字は「なになに」と読ませる。	・読めない漢字を自分なりの感覚で読む。	・自分から読もうとしないクラスの場合、励ます。
○分からない言葉の説明。 ・子どもに予想をさせながら、子どもとやり取りをしながら。	・下駄　・地面　・往来 ・電車・みすぼらしい・敷居・脱ぎすてる・鼻緒・豆下駄など	・言葉の意味とイメージを入れる。	・下駄の絵を描いてもいい ・三足だけが「ぞく」と読むことも押さえる。 ・左右セットで一足も押さえる。
○どんな感じがするか。 ・季節は？ ・作者はどこにいるか。 ・場所は、田舎？ ・いつ頃の話だろうね。	・自由にイメージする。	・子どもの診断	・赤い豆下駄は誰の物かを問うてもいい。 ・脱ぎ捨てた下駄の持ち主は誰かも聞いてもいい。 ・あまり深追いをしない。 ・出なかったら、さっと過ぎる
○せんべ屋の絵を教師が描く。		・大雑把なイメージを共有しておく。	・自由に想像してよいのだが、一応、決めておく、と話す。
○敷居の前の下駄の絵を描かせる。 ・黒板に数名 ・各自はプリントに。	・下駄を全部で三足の子と四足の子に分かれるだろう。	・揃えた赤い鼻緒の下駄と脱ぎ捨てた下駄が描ける。	・子どもたちがどう考えているか、よく見ておく ・教師が、「脱ぎ捨てた」を強調してもよい。

○下駄は三足か四足かで話し合う。 ・それぞれの理由を言わせる。 ・人数も確認しておく。 ＜例＞ ①子どもが５人います。その中に女の子が１人います。 ②男の子が５人います。その中に女の子が１人います。	・三足派と四足派、どちらが多いだろうか。四年生なら四足派が多いかもしれない。	・自分なりの根拠を持って発言できる。 ○その中の用法について知る。 ○この文章ではどちらの用法かを考える。	・議論が成り立つかどうか。 ・子どもたちの発言を明確にする作業がどれだけできるか。 ・それぞれが言っている内容を理解させる。用法としては、両方とも正しいと確認する。 ・その上で、この詩の場合はどっちかを考えさせる。
○作者がどんな気持ちになったかを考える。 ○教師のイメージを話す。	・最初にせんべ屋を見た時の気持ちと、冬の朝日が当たっているの見た時の気持ちの違いが、言えるか。	○みすぼらしいせんべ屋で見た、女の子を大切にする家族の暖かさ。	・冬の朝日はどこにあたっているかを問うてもいい。 ・その時の作者の気持ちを考えさせてもいい。

あとがき

　私たちは幸運でした。斎藤喜博氏（教授学研究の会）に出会うことができ、箱石泰和氏に学びながら研究を続けることができたからです。

　『教授学研究の会』の研究集会では、レベルの高い実践に接することができました。斎藤氏の講話や全国の実践家たちの授業や子どもの作品に直接触れることができたのです。強烈な印象とともに、強いあこがれを抱き、自分の教師としての方向性がはっきりとしました。また、全国各地で、学校公開研究会が開かれ、授業、合唱、体育、表現など子どもの具体的事実も直接学ぶこともできました。

　箱石氏の研究会『多摩第二土曜の会』では、実践の検討や指揮などの実技練習、教養講座等、教師の資質形成のための幅広い内容で研究を行っていました。教師としてのイロハから、授業の方法・技術、教師の思想までをも学ぶ研究会でした。また、『なごやの会』や『札幌教授学研究の会』との合同宿泊研究会を行いました。伊藤氏は『なごやの会』で学び続けてきました。４０数年間、私たちが実践・研究を続けることができたのも、これらの研究会があってのことでした。

　また、職場でもいろいろな先輩たちに恵まれました。若い私が、「こういうことやりたいのですが」と話すと、「それはいい」と励ましてくれて、一緒に考えてくれる先輩たちが多くいました。職場に

余裕があり、自由な雰囲気があったのでしょう。時代的にもよかっ
たのかもしれません。

　今、学校現場も教師たちも、大変な状況にあると思います。しか
し、こういう状況の中でも、子どもたちの可能性をひらこうと実践
している学校や教師たちは、全国にたくさんいると思います。
　こういう時代だからこそ、授業に力を入れてみませんか？　迂遠
な方法に見えるかもしれませんが、子どもたちが授業で追求力や共
同力を身につけた時には、驚くほどの力を発揮してくれることで
しょう。子どもたちが生き生きとして積極的になり、子ども自らが
動き出すクラスになりますよ。教師という仕事の魅力はここにあり
ます。

２０２１年　コロナ禍の中で　　　　　　　　　　　加藤利明

〈著者紹介〉

伊藤義道（いとう　よしみち）
１９５３年愛知県稲沢市平和町に生まれる（旧中島郡平和町）。
都留文科大学文学部初等教育学科卒業。箱石泰和氏に師事する。
１９７７年から愛知県小学校教諭として公立小学校で勤務する。
大学卒業後から、かけはしの会、教授学研究の会、なごやの会（旧
名古屋教授学研究の会）で学ぶ。
現在、「なごやの会」と「第二期実技等研究会」に所属している。
メールアドレス：ｋｗｋｚｕｘｒ５＠ｓｆ．ｃｏｍｍｕｆａ．ｊｐ

加藤裕子（かとう　ひろこ）
１９５４年　埼玉県さいたま市（旧大宮市）に生まれる。
日本大学芸術学部音楽科卒業。筧　潤二先生に師事する。
１９７７年から埼玉県小学校教諭として公立小学校で勤務する。
教授学研究の会、多摩第二土曜の会で学ぶ。
現在、「第二期実技等研究会」に所属し、若い教師と共に学ぶ。
著書『子どもが動き出す授業を求めて』（一莖書房）
メールアドレス　ｚｕｌ０１６７５＠ｎｉｆｔｙ．ｃｏｍ

加藤利明（かとう　としあき）
１９５４年生まれ。栃木県氏家町（現在のさくら市）で育つ。
都留文科大学文学部初等教育学科卒業。箱石泰和氏に師事する。
１９７７年から埼玉県小学校教諭として公立学校で勤務する。
教授学研究の会、多摩第二土曜の会で学ぶ。
現在、所沢市で、若い教師のための研究会「第二期実技等研究会」
を主宰している。
著書『子どもをひらく授業を求めて』（一莖書房）
メールアドレス　ｂｙｎ０３２４１＠ｎｉｆｔｙ．ｃｏｍ

授業──その可能性を求めて

2021 年 12 月 10 日　初版第一刷発行

編　者　加　藤　利　明
発行者　斎　藤　草　子
発行所　一　莖　書　房

〒 173-0001　東京都板橋区本町 37-1
電話 03-3962-1354
FAX 03-3962-4310

組版／フレックスアート　印刷・製本／日本ハイコム
ISBN978-4-87074-238-3　C3037

既刊・好評発売中

授業は子どもと
教師でつくるもの シリーズ

加藤 利明 著

子どもをひらく
授業を求めて

Ａ５判・並製　２５００円＋税

加藤 裕子 著

子どもが動き出す
授業を求めて

Ａ５判・並製　２０００円＋税

一莖書房

〒173-0001　東京都板橋区本町 37−1
TEL　03−3962−1354
FAX　03−3962−4310